Patrícia Quintiliano

O futuro do varejo supermercadista

Tendências em inovações tecnológicas e digitais

2023

Copyright ©2023 by Poligrafia Editora
Todos os direitos reservados.
Este livro não pode ser reproduzido sem autorização.

O futuro do varejo supermercadista
Tendências em inovações tecnológicas e digitais
ISBN 978-85-67962-24-5

Autora: **Patricia Quintiliano**
Coordenação Editorial: Marlucy Lukianocenko
Projeto Gráfico e Diagramação: Cida Rocha
Revisão: Fátima Caroline P. de A. Ribeiro
Foto da Autora: Nicola Labate

```
        Dados Internacionais de Catalogação na Publicação (CIP)
               (Câmara Brasileira do Livro, SP, Brasil)

    Quintiliano, Patricia
       O futuro do varejo supermercadista : tendências
    em inovações tecnológicas e digitais / Patricia
    Quintiliano. -- Cotia, SP : Poligrafia Editora, 2023.

       Bibliografia.
       ISBN 978-85-67962-24-5

       1. Comércio eletrônico 2. Comércio varejista
    3. Supermercados 4. Tecnologias digitais 5. Varejo -
    Empresas - Administração I. Título.

    23-174521                                      CDD-658.87
               Índices para catálogo sistemático:

       1. Comércio varejista : Administração   658.87

       Tábata Alves da Silva - Bibliotecária - CRB-8/9253
```

www.poligrafiaeditora.com.br
E-mail: poligrafia@poligrafiaeditora.com.br
Rua Maceió, 43 – Cotia – São Paulo
Fone: 11 4243-1431 / 11 99159-2673

A editora não se responsabiliza pelo conteúdo da obra,
formulada exclusivamente pelo autor.

*"Caminhante, não há caminho,
se faz caminho ao andar."*

Trecho do poema Cantares, de
Antônio Machado, poeta espanhol.

A todos os profissionais que dedicam ou dedicaram suas carreiras ao varejo supermercadista brasileiro e são apaixonados por este setor tão dinâmico e vibrante.

AGRADECIMENTOS

Que caminhada, que aprendizado!
Foi tudo, menos fácil.
Tudo mesmo. De desesperador a muito prazeroso.
Esta história começou no mestrado, com muitas horas dedicadas (em muitos finais de semana).
Quando achei que tinha acabado, veio o entusiasmo de publicar o livro, e lá fui eu de novo, para mais horas e finais de semana.
Eu já havia agradecido à minha orientadora, a professora Renata Spers, na dissertação, e seria uma falta grave se não a agradecesse novamente aqui. Ela foi doce nos momentos de acolhimento e firme nos momentos em que quase perdi o rumo. Nada disso teria acontecido se não fosse por você, professora.
Meu eterno agradecimento vai também para outra mulher incrível: minha editora, Marlucy, que com muito jeito e paciência, me tomou pelas mãos em um momento super delicado. Que sorte a minha ter contado com tanta experiência.
Valeu a pena. Cada minuto investido valeu muito a pena.

PREFÁCIO

Por *Hugo Bethlem**

Tive a honra de ser convidado para escrever este prefácio que abre o livro da querida Patrícia Quintiliano, uma profissional jovem com larga bagagem no varejo, principalmente alimentar, mas que navegou por outros formatos desde que descobriu o mundo das *startups* e as oportunidades e os desafios do digital.

Conheci Patrícia no Grupo Pão de Açúcar (GPA). Ela havia entrado em 1999, ano em que poderíamos ter sido conterrâneos, mas acabei recusando o convite da época para ser diretor de perecíveis e optei por empreender e criar a Dicico (na época, mudamos o nome de Dicico para Construdecor), afinal, sempre tive uma veia intraempreendedora. Depois, em 2001, um novo convite veio do GPA – e cavalo selado não se deixa passar duas vezes. Foi a melhor escolha profissional de minha vida.

Nesse ano, foi implementado o Projeto McKinsey, com uma reviravolta total no Comercial, quando desenvolvemos o Projeto Águia – o jeito CBD (razão social da Companhia Brasileira de Distribuição – GPA) de negociar. Numa formação inédita no varejo alimentar brasileiro, capacitamos todas as equipes a serem exímias negociadoras, com um aprendizado ganha-ganha-ganha. Nessa mesma época, criou-se o Gerenciamento de Categoria, desenvolvido pela Consultoria *Integration* – e, com isso, tínhamos, de um lado, o Comercial, que negociava com as indústrias; do outro, o Gerenciamento de Categorias por bandeiras – Extra, Pão de Açúcar e Barateiro –, que representava os interesses das Unidades de Negócios. Era uma relação complexa e de muita negociação interna.

Em 2002, começávamos a pensar e olhar para a inteligência de dados, mesmo de forma ainda precária e garimpando informações, criando planilhas em Excel e nos desafiando diariamente. De qualquer forma, estávamos à frente da concorrência.

Foi aí que tive o prazer de conhecer uma jovem Patrícia, que havia concluído seu processo de *trainee* e tinha assumido uma posição na nova coordenação comercial, à frente da área de análise e inteligência, ou seja, já despontava a profissional qualificada e inquieta que veio a se transformar e se especializar em inovação, estudos, análises e pesquisas dos dados dos fornecedores e mercado, transformando tudo isso em informações fundamentais para as melhores negociações e tomadas de decisão.

Ao precisar de informações sobre grandes fornecedores, como Unilever, Nestlé, Ambev, Coca-Cola, Sadia e outras, tive a primeira interação com Patrícia. Precisava de análise de elasticidade, demanda, substituição etc., tudo para a tomada correta das decisões negociais. E foi uma relação muito positiva, que segue pela vida, com as informações geradas por ela ainda em planilhas de Excel. Com certeza, ela se lembra de uma véspera de feriado que passou virando a noite para atender nossa demanda. Ali, já se podia sentir que seu caminho seria aquele que moldou sua carreira após o GPA e sua dedicação pelo aprendizado e aperfeiçoamento contínuo.

Uma das grandes revoluções foi a tecnológica e digital, que trouxe a capacidade de termos acesso aos dados numa velocidade e precisão que, naquela época, não tínhamos.

Com esse *background*, Patrícia acabou se apaixonando pela inovação no varejo, que pode ser disruptiva ou incremental. O que tenho visto, nesses 45 anos de varejo, são inovações incrementais, muito mais que disruptivas. Aliás, o professor Clayton Christensen, de Harvard, já recomendava que as disruptivas tinham que ser feitas num negócio à parte do principal; nisso, o varejo sempre foi conservador, vivenciando as inovações disruptivas criadas por *outsiders*, principalmente *startups*, que, aos poucos, vêm ocupando espaços e capturando parte do *share-of-wallet* do consumidor nas compras de varejo alimentar, têxtil e eletrodomésticos.

Qual será, então, o futuro do formato das lojas de varejo? Como os varejistas, que são conservadores, vão enfrentar os desafios impostos pela disrupção? Desde sempre, aprendi que qualquer um que possa tirar R$ 1 da sua carteira é um concorrente – e tem muitos aparecendo e tirando muito mais que isso.

O ser humano, homus-consumidores (se existisse o termo), é visceral e gosta da experiência sensorial: tocar, cheirar, sentir, conversar, negociar, pedir, reclamar, elogiar, enfim, vivenciar as mercadorias e as lojas. Mas qual o racional?

As novas gerações – *Millenials*, Z e Alpha – já nasceram digitais ou aprenderam que a tecnologia é a extensão de seus dedos e, muitas vezes, de suas mentes. Com a Inteligência Artificial, as gerações mais resilientes e pacientes (Darwin nunca esteve tão certo quanto à sobrevivência não ser do mais forte ou rápido, mas daquele que melhor se adaptar), como *Baby Boomers* e X, tiveram que aprender a se digitalizar e, com isso, acompanhar as mudanças; porém, ainda são muito mais analógicos.

Mas como será após 2030, quando *Baby Boomers* e X já estarão com mais de 60, 70 anos? O comando e as decisões de compras estarão nas gerações *Millenials* em diante, também já beirando os 50 anos, mas muito mais digitais e racionais, menos emocionais na interação com as lojas e com as mercadorias, buscando praticidade e soluções que apenas a tecnologia pode entregar.

O que nos leva, racionalmente, a ir fisicamente a uma loja que não seja o nosso lado visceral? Mas qual o prazer em comprar produtos que são absolutamente de rotina, chatos e pesados? Como desenhar a loja do futuro, que combine a praticidade do digital com um sortimento próximo ao infinito e a experiência sensorial? Como o varejo vai rentabilizar as lojas do futuro? Será que as atuais promoções vão desaparecer à medida que os varejos passem de *Supplier Centric* para *Customer Centric*? Quando os varejos conhecerem todos os hábitos reais de compra dos *shoppers* e usarem o CRM a serviço deles efetivamente? Quando o *self-checkout* nos celulares substituírem os PDVs tradicionais? Quando a sustentabilidade os pilares ESG (Eco-ambiental, Social e Governança) forem prioridade nas empresas que entenderem o verdadeiro papel da Economia Circular, *upcycling* na produção de produtos, troca da posse do bem (computador, celular, geladeira, TV, máquina de lavar) por serviço pago pelo uso? Quando os consumidores forem mais conscientes e entenderem que cada ida a uma loja ou shopping tem uma pegada de carbono que deve ser neutralizada, que os produtos podem ter maior vida útil e ser menos descartáveis? Novos negócios vão (já estão) aparecer e mudar o varejo como conhecemos. Estamos preparados? Vamos nos preparar?

Gosto de uma definição sobre o futuro que li em O livro da esperança, de Jane Goodall:

Quando olhamos para o futuro temos três atitudes possíveis:
1) Fantasiar – que envolve grandes sonhos, geralmente servem apenas como entretenimento;
2) Perder tempo – que envolve nos preocuparmos com todas as coisas ruins que podem acontecer; ou
3) Ter esperança – que consiste em visualizar o futuro, sem desprezar a inevitabilidade dos desafios.
Quem tem esperança geralmente antecipa os obstáculos e trabalha para removê-los, não é uma maneira ingênua de evitá-los.

A esperança é uma determinação incansável de fazer todo o possível para que algo funcione, ela não nega as dificuldades e os perigos, mas não se deixa bloquear por eles.

Não sabemos o que vai acontecer no futuro, mas, simplesmente, não podemos esperar, pois, se não prepararmos o nosso futuro agora, teremos que enfrentar o futuro que vier. Este livro nos traz um brilhante proxy do que esse futuro pode nos apresentar, principalmente aos varejistas de vários setores. Boa leitura!

*Hugo Bethlem foi vice-presidente do GPA e cofundador do Instituto Capitalismo Consciente Brasil, onde atualmente é presidente do Conselho

SUMÁRIO

Introdução 17

1. Uma Viagem à Loja do Futuro 27

2. Um Menu de Tecnologias.
   Escolha a Sua 35

3. X, Y, Z, Alpha - Diferenças e Semelhanças
   entre as Gerações 57

4. Inspiração ou Aprendizado:
   Varejistas e Seus Caminhos 71

5. A Fundação para o Mindset Digital 95

Referências 107

INTRODUÇÃO

Dois assuntos me encantam: Varejo e Estudos do Futuro. Ao primeiro, já tenho dedicado 25 anos de vida profissional. O segundo, mais recente, vem me permitindo explorar novos horizontes, preenchendo minha bagagem com mais conhecimentos.

Lembro-me de um dia, ainda no início da carreira, em que vi um jornal jogado sobre o sofá de casa. Tinha uma pequena nota a respeito da Companhia Brasileira de Distribuição, junto com a imagem desenhada de Abílio Diniz. Apontei para aquilo e disse: "Eu sei que um dia vou trabalhar lá".

Apaixonei-me pelo tema Varejo durante a faculdade, quando estagiava em uma grande indústria têxtil na área de franquias. Na mesma época, fiz um curso no Provar, o Programa de Varejo da USP. Hoje ele é referência em estudos do varejo e formação de pós-graduação, mas naquela época era apenas um curso com duas semanas de duração.

Mal sabia eu que seriam exatamente essas duas semanas a minha conexão com o Grupo Pão de Açúcar. Foi no Provar que conheci as pessoas que trabalhavam na Companhia e que me avisaram sobre o processo seletivo. Trabalhar no Pão de Açúcar foi, sem dúvida, fundamental na minha formação como profissional e como pessoa, uma experiência pela qual tenho imenso carinho.

Meu interesse pelo tema Estudos do Futuro, ou *Corporate Foresight*, – e consequentemente por inovação e tecnologia –, é mais recente. Em torno de 2015, comecei a me relacionar com o mundo das startups e do marketing digital. Ao invés de sentir receio das inovações tecnológicas, minha cabeça ficou inundada com as novidades. Em 2018, cursei uma matéria na USP chamada *Future Strategic Foresight*, com a incrível Profa. Dra. Renata Giovinazzo Spers, que, mais para a frente, veio a ser minha orientadora.

Em 2020, iniciei o mestrado na Faculdade de Economia, Administração e Contabilidade da Universidade de São Paulo (FEA-USP) e pude unir os dois universos (Varejo e *Corporate Foresight*) em uma jornada para identificar quais seriam as principais inovações tecnológicas e digitais que impactarão o varejo supermercadista brasileiro nos próximos 10 anos.

As descobertas foram empolgantes e me senti incentivada a compartilhá-las com o mercado. Foi assim que decidi escrever este livro. O conteúdo que você lerá nas próximas páginas é baseado na minha dissertação, também intitulada *O futuro do varejo supermercadista: tendências em inovações tecnológicas e digitais*. Estou muito contente em dividir isso com você.

Para compor este estudo, realizei uma robusta pesquisa com 385 especialistas do varejo – a grande maioria executivos C-Level e consultores com ampla experiência na área –, que explicitaram suas opiniões a respeito do comportamento dos consumidores e das inovações que serão aplicadas nos supermercados na próxima década. Você verá várias de suas citações ao longo de todo o livro. Além disso, debrucei-me sobre textos teóricos que, aliados à minha vivência no mercado, deram suporte para fazer análises e conclusões sobre o tema.

A ideia é apoiar você, gestor ou gestora, a se preparar e lidar melhor com as mudanças do mercado, antecipando tendências, identificando as inovações tecnológicas digitais que poderão ser aplicadas de forma transformadora no nosso setor e analisando como elas impactarão os formatos de venda, os canais de relacionamento e a experiência do consumidor no ponto de venda, seja ele físico, on-line ou na interação entre eles.

Dois conceitos-chave vão permear nossa conversa: as teorias que dizem respeito à inovação e as teorias relacionadas ao ciclo de vida do varejo. Eles são importantes para organizar e embasar o conhecimento empírico, mas ressalto que a proposta, aqui, é ser "pé no chão". Vou mostrar as inovações tecnológicas e digitais que farão sentido e serão aplicadas no varejo a fim de melhorar produtividade e rentabilidade.

Sobre inovação, a literatura nos apresenta duas vertentes: a disruptiva e a incremental. A inovação disruptiva é considerada radical e projetada para atender às necessidades de clientes ou mercados emergentes. Ela ajuda a desenvolver novos projetos, mercados ou canais de distribuição exigindo, para isso, novos conhecimentos das empresas.

Hoje, vemos que as tecnologias disruptivas surgem a uma velocidade cada vez maior, a exemplo das criptomoedas, tokenização ou sequenciadores de DNA que cabem no bolso e são capazes de antecipar futuras doenças. Os setores de biotecnologia, financeiro e comunicações são, muitas vezes, os geradores dessas disrupções, desenvolvendo produtos, serviços e soluções que, posteriormente, são adotados por completo ou com adaptações em outros mercados.

Já a inovação incremental visa melhorar o desempenho de um produto ou serviço já existente. Esse tipo de inovação amplia o conhecimento e as habilidades das organizações, melhorando projetos já estabelecidos, expandindo produtos ou serviços e aumentando a eficiência de canais de distribuição também existentes. É o que vemos, por exemplo, no setor de serviços, onde os esforços em pesquisa e desenvolvimento (P&D) costumam ser mais limitados e as inovações não tecnológicas mais frequentes. Isso acontece, geralmente, devido ao alto custo das novas tecnologias, falta de tempo e complexidade envolvidos em sua aplicação.

O varejo se insere justamente neste cenário da inovação incremental. Como sugerem as pesquisas de Eleonora Pantano, PhD, professora da Universidade de Bristol, no Reino Unido, e de outros estudiosos, o varejo é considerado mais como um absorvedor de inovações desenvolvidas por outras indústrias, e menos como um gerador delas.

Mas por que isso acontece?

A justificativa pode estar atrelada ao tamanho de algumas redes, à cultura local, às margens apertadas e ao tempo de retorno dos investimentos em inovação. Uma quantidade grande de PDVs, por exemplo, pode dificultar a implantação de tecnologia, porque aumenta, inicialmente, o custo e a necessidade de mais pessoas (por loja) cuidando disso.

Do meu ponto de vista, essa é uma visão que merece ser revisitada pelo varejo. Abrir novas lojas é infinitamente mais caro do que investir em inovação e não garante a perenidade das corporações. Com o tempo, tecnologias adotadas podem melhorar processos, reduzir mão de obra e, consequentemente, custos.

Embora as inovações disruptivas tendam a ser mais limitadas no varejo, estudos indicam que os *shoppers* estão muito dispostos a experimentá-las no ponto de venda, especialmente se forem fáceis de usar, tenham real utilidade e proporcionem entretenimento. Efeitos gráficos 3D altamente interativos, realistas e velozes são especialmente apreciados pelas pessoas. Há também evidências de relações diretas entre emoções positivas e satisfação com lealdade e maior intenção de compra desencadeadas pela introdução dessas tecnologias.

Aqui, temos o principal ponto deste estudo. É o comportamento do consumidor – suas demandas, necessidades e desejos –, o grande gatilho de adoção das inovações no varejo. Ou seja, o varejo tende a implementar uma inovação quando ela já faz parte do dia a dia de seus *shoppers*, o que faz parecer com que o setor esteja sempre atrasado.

Todavia, nenhum outro segmento tem o privilégio de estar tão próximo do cliente. É fundamental prestar atenção às suas mudanças de comportamento e se antecipar. Muitas vezes, o varejo acaba reagindo tarde. Nesse sentido, faço um convite para você começar a enxergar o *shopper* como um verdadeiro mapa capaz de guiar sua empresa rumo às inovações.

É verdade que o comportamento do consumidor está em constante transformação e, nas últimas décadas, as mudanças foram ainda mais velozes. As gerações nascidas a partir de 1980 são digitalizadas, conectadas, têm amplo acesso à informação e já estão acostumadas com um mundo de fronteiras muito largas, sem barreiras entre o físico e o virtual. Tudo isso estimulou o surgimento dos canais online e, posteriormente, a necessidade de integração com o ponto de venda físico, a omnicanalidade.

Esse é um dos grandes desafios para os varejistas, que ainda precisam ajustar suas estratégias e operações para oferecer uma experiência de compra fluida e sem atritos. Para os consumidores, a omnicanalidade é familiar, natural, e, exigentes como são, eles seguirão impactando as relações de consumo e o futuro do varejo.

Com isso em mente, a proposta que apresento neste livro é a de que o varejo passe a olhar para as inovações de forma também natural, com menos resistências e mais proativamente, afinal, a relação é direta com o consumidor – a sua razão de existir.

As empresas que conseguem criar os dois tipos de inovação (disruptiva e incremental) desenvolvem a capacidade chamada ambidestria. É justamente essa capacidade que aumenta as chances de se manterem competitivas no mercado atual e de se prepararem para o futuro, garantindo a perenidade e o sucesso da organização.

O horizonte para as mudanças é positivo, pois a Internet e a Inteligência Artificial devem baratear as inovações tecnológicas digitais, facilitando os investimentos do varejo nesse sentido. A primeira barreira a ser transposta é a resistência cultural nas corporações e, muitas vezes, a ausência do *mindset* digital. Gosto muito de um verso do poeta italiano Attilio Bertolucci, que diz: "Ausência, a mais aguda presença".

Suporte para inovação

A capacidade de oferecer inovação baseada em tecnologia adequada aos interesses dos consumidores está intimamente ligada à habilidade de as empresas entenderem e anteverem as tendências do mercado. Essa competência é chamada de *Corporate Foresight* ou Estudos do Futuro, uma área que ganha cada vez mais relevância no mundo corporativo.

As previsões de cenários futuros que abordo ao longo do livro tiveram como base as metodologias de *Corporate Foresight*, que partem da premissa de que o futuro não é previsível nem predeterminado, mas pode ser influenciado pelas escolhas atuais das organizações e de outros agentes relevantes em seus negócios.

Os Estudos do Futuro têm como objetivo apoiar a tomada de decisão estratégica, uma vez que apontam tendências, fornecem ferramentas para a implementação de processos de inovação e ajudam as organizações a se prepararem para os desafios em busca de geração de valor. Portanto, podemos entender o *Corporate Foresight* como um suporte importante para a decisão de inovar.

Em setores dinâmicos, como o varejo, é mais comum focar no curto prazo. Mas, se o futuro da organização não tiver espaço na agenda dos gestores, corre-se o risco do hoje se tornar apenas um esforço e não, necessariamente, um sucesso que levará à perenidade da corporação.

Como preparar o futuro da empresa? Em que inovar?

Para encontrar essas respostas, convido você a acompanhar as reflexões, as abordagens e as estratégias propostas ao longo deste livro, ilustradas com exemplos do Brasil e do mundo. No decorrer dos capítulos apresento também citações de varejistas que participaram da pesquisa realizada para a minha dissertação.

No capítulo 1, criamos uma atmosfera que transportará você diretamente para uma experiência na loja do futuro. Como ela será daqui a 10 anos (ou mais)?

Em seguida, no capítulo 2, apresento as tecnologias disponíveis que terão mais impacto no setor varejista e como elas podem ser aplicadas na prática, como inteligência artificial, internet das coisas, robôs, automações e realidade aumentada.

Já no capítulo 3, vamos conhecer em detalhes o perfil do consumidor do futuro, destacando as principais características que precisam estar no seu radar.

Quem são os varejistas que estão um passo à frente em termos de inovação? E quais são aqueles que falharam por não focar na evolução? No capítulo 4, vamos apresentar exemplos que podem servir de inspiração e aprendizado.

Por fim, no capítulo 5, partimos para a construção da fundação necessária para inovar, bem como recomendações para as empresas varejistas adotarem e/ou ampliarem seu *mindset* digital.

Boa leitura!

1. Uma Viagem à Loja do Futuro

"O analfabeto do futuro não será aquele que não sabe ler. Será a pessoa que não sabe aprender."

Alvim Toffler (1928-2016), escritor e futurista norte-americano, doutor em Letras, Leis e Ciência.

Para começar a jornada rumo ao futuro do varejo supermercadista, convido você a fazer uma viagem para meados da década de 2030, em um exercício que o ajudará a ter *insights* e vislumbrar possibilidades para o seu negócio.

Ao longo do livro, vou compartilhar com você os motivos que embasaram essa construção. Por ora, deixe a "bagagem" de lado e embarque comigo.

Imagine um supermercado localizado em uma grande cidade. São 22h e o último cliente passa pela porta já quase completamente fechada. Do lado de dentro, os funcionários terminam de se preparar para voltar às suas casas. Em menos de 20 minutos, a loja vazia desliga automaticamente suas luzes. Há escuridão, mas não silêncio.

Do estoque, saem os primeiros robôs que percorrem os corredores e iniciam o reabastecimento dos produtos. O sistema obedece ao enorme volume de dados analisados pela inteligência artificial que considera o dia da semana, a oscilação dos preços da concorrência, a previsão do tempo, as notícias locais e tantas outras variáveis para repor a quantidade exata e necessária para a venda do dia seguinte.

A gôndola continua não sendo elástica, mas a quantidade de itens em exposição e o espaço que eles ocupam, quando necessário, adapta-se para a demanda prevista com uma margem de erro de 0,1%. O suficiente para que algum funcionário, se necessário, ao longo do dia, faça a reposição manualmente. A última vez que isso havia acontecido foi cinco anos antes, quando os parâmetros ainda estavam em curva de aprendizado. Desde então, compras, nível de estoque e vendas caminham na mais perfeita harmonia.

Passadas duas horas, as gôndolas já se encontram totalmente organizadas. Alguns itens ocupam mais espaço do que no dia anterior; outros, menos. A perda de vendas por falta de mercadoria praticamente não existe mais. O conceito (e as histórias) sobre ruptura, uma guerra travada durante anos pelo varejo, reside apenas na memória dos mais experientes.

Finalizado o reabastecimento, começa a troca automática de equipamentos. Voltam ao armazenamento os abastecedores para dar lugar aos limpadores. Toda a loja é higienizada e o controle de pestes funciona de forma extremamente eficaz. Em pouco mais de uma hora, o ambiente está impecável, como se fosse o dia da inauguração. Todos os dias são assim!

Operacionalmente, há muita melhora, especialmente quando se compara aos anos anteriores. Os custos com energia são reduzidos em função dos painéis solares, mesmo com um maior uso de equipamentos e tecnologia. Outros indicadores também apontam ganhos, como a redução das quebras e dos custos de mão de obra e o aumento das vendas e da rentabilidade.

Uma área do supermercado chama a atenção: o *checkout* dá, definitivamente, lugar a um dispositivo com sensores e tela que é acoplado aos carrinhos de compras. Ao entrar, o cliente retira esse equipamento da parede na entrada da loja, onde ele permanece carregando, e o encaixa no carrinho. Por biometria, o dispositivo identifica o consumidor e ativa suas preferências.

A loja tem cerca 1.500 m², mas seu sortimento é infinito. O que não está exposto nas prateleiras pode ser encontrado em terminais de LED presentes nos corredores, nas pontas de gôndola, nos robôs de atendimento ou no próprio dispositivo do carrinho, também utilizados como *retail media*.

Conforme o cliente percorre os corredores, a tela do dispositivo apresenta ofertas e anúncios personalizados e aciona os *displays* de gôndola que projetam os produtos para a frente, dando destaque a lançamentos e novas funcionalidades. É também nessa tela que os *shoppers* acessam informações sobre preparo de itens, origem dos alimentos, rastreamento, informações nutricionais e todo tipo de dúvida.

Não há *checkouts*, não há filas. A finalização da compra é realizada em qualquer parte da loja ou, obrigatoriamente, a partir de alguns metros antes da saída.

No primeiro caso, o *shopper* aciona por voz o final da compra e escolhe a forma de pagamento, que pode ser automática no cartão previamente registrado ou por aproximação do aparelho celular na tela do dispositivo. Nesse momento, o carrinho pode ser "abandonado" ali mesmo, pois será encaminhado, por indução, ao espaço de *delivery*, onde os produtos são empacotados e despachados.

No segundo, ao passar por uma faixa próxima à saída da loja, o pagamento simplesmente acontece sem qualquer interferência do *shopper*, que segue para o estacionamento da loja ou para a rua. Dentro do carrinho, já estão as sacolas onde são colocados os produtos, facilitando seu transporte.

Nesse tempo futuro, apenas os supermercados trabalham com estoque *in loco*. Em outros segmentos, os produtos estão nas prateleiras para serem vistos, manuseados, testados, provados, mas como a mercadoria é entregue diretamente na casa dos *shoppers*, não há mais a necessidade de espaço de armazenamento, preocupação com grades, contagem de inventário etc. Na verdade, o estoque passa a ser virtualmente infinito em todo o varejo.

Essas lojas têm, agora, um ambiente bem aproveitado e equilibrado entre a exposição dos produtos e a experiência de compra. Muitos críticos se dividem: afinal, trata-se de consumo ou de entretenimento? É "entretenicompra", alguns dizem.

Os únicos formatos que ainda possuem estoque físico são os *outlets*, com seus amplos espaços mais afastados dos grandes centros, onde os aluguéis e o zoneamento das cidades permitem apenas lojas pequenas ou médias.

Mesmo com todas essas facilidades, o atendimento e a satisfação dos consumidores continuam sendo desafiadores. Cada vez mais exigentes, impacientes e com acesso imediato às informações, a grande preocupação das organizações é a melhor forma de agradá-los e retê-los.

A forma de olhar para o resultado muda radicalmente. Em vez de avaliar o desempenho dos departamentos, categorias e fornecedores, os times de marketing e comercial começam a análise pelo desempenho de grupos de *shoppers*.

Mede-se, por exemplo, a quantidade de *shoppers* ativos por grupo, o LTV (*life time value* ou o quanto a sua empresa faturou com o cliente ao longo de um período), ticket médio, quantidade média por compras, faturamento, alterações de comportamento, dentre outros aspectos.

Outra métrica bastante acompanhada é o volume vendido entre os canais *on-line* e *off-line*. A média do mercado gira em torno de 40% para o *on-line* e 60% para o *off-line*, permitindo um melhor aproveitamento do espaço físico das lojas, que se tornou uma verdadeira arena de experiências.

As gigantescas bases de dados de compra e comportamento são cruzadas com preço da concorrência, clima, data, notícias locais e outras informações, com o apoio de inteligência artificial. As reuniões com a indústria são, agora, pautadas por essas informações.

Ao colocar o *shopper* no centro da análise, os times focam na origem das mudanças (ou seja, no comportamento do cliente), e não nas consequências (os resultados das categorias), como feito durante anos. A inteligência analítica deixa de ser uma área (ou uma pessoa, em muitos casos), e passa a fazer parte do dia a dia das organizações.

O varejo, finalmente, consegue antever as tendências e age proativamente.

Se esta é uma loja que você gostaria de ter na sua rede, vamos adiante, avaliar como será o ambiente e quais tecnologias estarão disponíveis nos próximos anos para iniciarmos esta jornada.

2. Um Menu de Tecnologias. Escolha a Sua

"Se você estiver assistindo a um vídeo do TikTok e alguém tiver uma peça de roupa ou item que você realmente gosta, e se você pudesse comprar esse item rapidamente? É isso que estamos vendo acontecer em países ao redor do mundo. E é intrigante para nós, e gostaríamos de fazer parte disso".

Doug McMillon, CEO do Walmart, em entrevista à CNBC, em 15 de outubro de 2020.

Embora o varejo seja um setor com baixa utilização de tecnologia, quando comparado a outros mercados, devemos lembrar que este é um caminho sem volta.

A demanda dos consumidores seguirá pressionando os varejistas para a implementação de soluções tecnológicas que melhorem a jornada e a experiência de compra.

E a competitividade, já acirrada neste mercado, também levará os varejistas a buscarem por inovações que tragam vantagens competitivas, reduzam custos e levem ao sucesso e à perenidade das organizações.

Em minha pesquisa, os especialistas avaliaram 15 delas e destacaram cinco, consideradas as mais importantes para o futuro do varejo brasileiro. São elas:

1. Rede 5G
2. Inteligência Artificial
3. Internet das Coisas (IoT)
4. Recursos por Voz
5. Robôs e Automações
6. Realidade Virtual (RV)/ Realidade Aumentada (RA)

Nessa ordem de crescimento e relevância ao longo dos 10 próximos anos. E há uma lógica para isso. Vamos entender os porquês.

Rede 5G

> *Com a internet 5G conseguimos ter maior performance nas transferências de dados e velocidade de navegação, habilitando novas aplicações da tecnologia que sem o 5G não é possível, como por exemplo: entregas com drones, chamada de holograma 3D, pagamento com reconhecimento facial[1].*

Na opinião dos especialistas (e do restante do mercado) a rede 5G é a base fundamental para impulsionar a aplicação em massa de outras tecnologias, como inteligência artificial, *big data* e *analytics*, computação em nuvem, segurança, robótica, realidade virtual, realidade aumentada, *edge computing*, internet das coisas (IoT), reconhecimento facial etc. Sem uma internet rápida e robusta, torna-se mais desafiador avançar em outras soluções. A expectativa pela sua chegada foi grande!

No Brasil, o sinal da rede 5G foi ativado em 2022, começando por Brasília e, gradativamente, expandindo-se para outras capitais do País. Segundo previsão do International Data Corporation (IDC), até 2025, o 5G deve movimentar no Brasil cerca de US$ 25,5 bilhões.

O Fórum Econômico Mundial projeta que essa nova geração de internet móvel tem potencial para gerar um impacto de R$ 101 bilhões até 2031 para empresas, multinacionais e *startups*. Nos negócios, espera-se que o impacto seja expressivo no aumento da produtividade, ganho de eficiência e de competitividade.

---

1. Todas as citações presentes no decorrer deste livro são de varejistas que participaram da pesquisa para a minha dissertação.

A velocidade de conexão móvel de banda larga é 100 vezes maior quando comparada ao 4G. Além disso, o tempo de resposta (a chamada baixa latência) também é muito rápido, estimado entre 1 e 5 milissegundos, contra 20 a 30 milissegundos do 4G.

A rede 5G possibilita a coleta de dados de usuários em maior volume e rapidez, com compartilhamento de dados em tempo real, o que apoia a identificação de suas demandas e a criação de ofertas de produtos e experiências personalizadas. Ela garante ainda que uma grande quantidade de dispositivos seja usada ao mesmo tempo, um caminho muito importante para a implementação de IoT.

Do lado dos consumidores, o resultado será mais velocidade e qualidade nas imagens, sons e vídeos, melhorando significativamente a experiência de uso dos serviços de *streaming* de vídeo e música, no acesso aos jogos e às compras *on-line*, por exemplo.

A previsão de sua implantação completa no Brasil é 2029, mas a expectativa é de que, até lá, a rede 6G, ainda mais rápida, comece a se tornar realidade. O plano é que, em 2030, ela esteja comercialmente viável, abrindo espaço para hologramas, cirurgias remotas, experiências mais imersivas e maior segurança. Para facilitar a compreensão: enquanto no 5G o pico de transmissão é de um giga, no 6G ele começa em um um giga e vai até um terabit.

Para o varejo, minha recomendação é a seguinte: acompanhe de perto os avanços da rede 5G na sua região, tanto do ponto de vista de uso dos seus consumidores, quanto dos serviços disponíveis para a sua empresa, pois como vimos repetindo, esse é o gatilho para as inovações seguintes.

Inteligência Artificial

> *A inteligência artificial será a responsável pelas experiências de compra, independentemente do canal que esteja tratando, que impreterivelmente será híbrido entre físico e on-line, pois com a gestão dos dados e com aprendizagem dos hábitos e comportamentos das pessoas, conseguirá criar uma fidelidade que nos dia de hoje está difícil manter com os clientes.*

A inteligência artificial (IA) é o maior recurso para aumento da produtividade desde que passamos pela Revolução Industrial. Seu poder de análise de grandes volumes de dados alavancará a transformação de inúmeros processos no varejo. Cada vez mais, ela estará no centro da experiência do cliente, possibilitando o mapeamento de sua jornada e aprendendo sobre seus hábitos, como nunca realizado até então.

O varejo conseguirá alcançar um alto nível de personalização no atendimento, com ofertas de produtos e serviços nos momentos mais adequados, aumentando a fidelização e, especialmente, injetando rentabilidade para aqueles que souberem usá-la. Afinal, o jogo é ganho na retenção, e não apenas trazendo novos clientes que compram uma única vez.

A aplicação dessa tecnologia resultará na antevisão mais precisa da demanda, no melhor gerenciamento dos estoques, das políticas de precificação e de um processo logístico mais eficiente. Em minha pesquisa, os executivos do varejo afirmaram que a IA veio para facilitar a vida do consumidor, do varejista e da indústria. É uma incrível ferramenta de ganho de eficiência.

Um exemplo recente de uso de IA nesta área é o do Instacart, empresa de *delivery* norte-americana que opera um serviço de coleta e entrega de supermercado nos Estados Unidos e no Canadá. Ela lançou, no final de maio de 2023, o recurso Ask Instacart, disponível na barra de busca do aplicativo.

Podemos defini-lo como um assistente de compras ou uma experiência de pesquisa repaginada que aproveita as capacidades de compreensão de linguagem do ChatGPT e dos próprios modelos de IA da empresa, juntamente com dados exclusivos de catálogo que abrangem mais de um bilhão de itens disponíveis para compra em mais de 80 mil locais de varejo parceiros.

As mais diversas dúvidas de consumidores – como "Quais são algumas ideias de almoço vegetarianas e veganas?" e "Qual é um almoço saudável para meus filhos?" –, são respondidas prontamente no aplicativo após serem digitadas pelos usuários. O aplicativo fornece aos clientes recomendações de produtos organizadas de forma intuitiva, bem como informações adicionais sobre preparação de alimentos, atributos do produto e considerações dietéticas. Essa nova experiência de pesquisa também incorpora sugestões personalizadas de perguntas, antecipando as preferências do cliente, lembrando-os de suas necessidades com base em seu histórico de compras e incentivando-os a descobrir novos produtos.

Aliada aos recursos por voz, acredito que a IA transformará a vida como conhecemos hoje. Quando a pesquisa foi realizada, recursos como o ChatGPT (da OpenAI) e o Bard (do Google) ainda não haviam sido lançados, mas agora fica mais palpável vislumbrar esse futuro. Quem já assistiu a Star Trek ou, simplesmente, tem uma Alexa dentro de casa, entende que Gene Roddenberry, famoso roteirista e produtor americano, apenas antecipou o inevitável.

> *IA possibilitará tanto ganhos operacionais (redução de rupturas, quebras), maior eficiência comercial (acuracidade na previsão de vendas, customização do sortimento, precificação inteligente) e para o shopper (ofertas customizadas).*

Há quem faça previsões apocalípticas sobre essas novas tecnologias, como aquelas que pregaram o fim das lojas físicas no início do e-commerce ou das atuais a respeito da dominação das máquinas sobre o homem. Não sou adepta a elas. Acredito que as grandes mudanças da humanidade e da tecnologia são cíclicas e seguirão acontecendo, quer queiramos ou não. Nesse sentido, prefiro aproveitá-las a refutá-las.

Peter Drucker conta que, após a Segunda Guerra Mundial, os japoneses procuraram por empresas ao redor do mundo onde poderiam se basear para reconstruir sua economia. A escolha mais óbvia, na época, foi a IBM, então considerada a corporação mais bem-sucedida do mundo. Seu presidente era Thomas Watson que, em 1943, havia dado a seguinte declaração: "Eu acho que existe mercado, no mundo, para uns cinco computadores". Imagine se eles tivessem se apegado a essa visão...

> **“** A utilização da voz será avassaladora nos próximos anos. As pessoas preferirão conversar com máquinas ao invés de digitar/escrever. Já percebemos isso no próprio Whatsapp, onde cada vez mais se usa o recurso de gravação ao invés da escrita. Ao entrar em um supermercado, será muito mais fácil perguntar a um assistente virtual sobre quais as ofertas do dia do que procurar em apps ou mesmo descobrir andando por entre as gôndolas. **”**

A diferença, de lá para cá, não é apenas a quantidade de computadores no mundo, mas na velocidade com que as inovações tecnológicas vêm aparecendo e se instalando. Até 2033, algumas previsões de mercado apontam que a inteligência artificial (IA) global no mercado de varejo deve atingir uma avaliação de US$ 85 bilhões, expandindo a uma taxa de crescimento médio anual deflacionado (CAGR) notável de 30,3% nos próximos 10 anos. Atualmente, a inteligência artificial global no mercado de varejo é de US$ 6 bilhões.

Do meu ponto de vista, a IA substituirá alguns cargos, mas não as pessoas ou as relações, e promoverá uma transformação na produtividade dos processos, na produção de conteúdos e na comunicação entre empresas e clientes.

Agora que já temos algumas à disposição, resolvi perguntar diretamente a elas como essas tecnologias poderão ajudar o varejo. Pois bem, vamos acompanhar as respostas:

ChatGPT

Como modelo de linguagem, posso ajudar o varejo em uma variedade de processos e áreas. Aqui estão algumas maneiras nas quais posso ser útil:

- **Atendimento ao cliente:** posso fornecer informações sobre produtos, responder a perguntas frequentes, fornecer recomendações e auxiliar os clientes com dúvidas e consultas;.
- **Gestão de estoque:** posso auxiliar no monitoramento do estoque, fornecendo insights sobre o nível de estoque atual, ajudando a prever demanda futura com base em padrões históricos e fornecendo sugestões de reabastecimento;
- **Análise de dados**: posso ajudar a analisar grandes volumes de dados relacionados a vendas, estoque, preferências do cliente e tendências de mercado. Com isso, posso ajudar a identificar padrões, entender o comportamento do cliente e fornecer informações úteis para tomadas de decisões estratégicas;.
- **Marketing e promoções:** posso auxiliar na criação de estratégias de marketing e promoções personalizadas, com base em dados demográficos, histórico de compras e preferências do cliente. Além disso, posso ajudar a criar campanhas de marketing por e-mail, redes sociais ou outros canais de comunicação;.
- **Suporte a processos internos**: posso ajudar na automação de tarefas rotineiras, como o processamento de pedidos, gerenciamento de fornecedores e organização de documentos. Isso permite que a equipe tenha mais tempo para se concentrar em atividades de maior valor agregado.

Lembre-se de que, embora eu possa fornecer informações e *insights* úteis, é importante combinar meu conhecimento com a experiência prática e as informações específicas do seu negócio.

BARD

Aqui estão algumas maneiras pelas quais eu posso ajudar o varejo supermercadista:

Aumentando as vendas: eu posso ajudar os varejistas a aumentarem as vendas de várias maneiras, incluindo:
- Gerando *insights* sobre o comportamento do cliente;
- Recomendando produtos que são mais propensos a serem comprados;
- Personalizando a experiência do cliente.

Reduzir custos: Eu eu posso ajudar os varejistas a reduzirem custos de várias maneiras, incluindo:
- Automatizando tarefas manuais;
- Identificando oportunidades de economia de custos;
- Melhorando a eficiência da cadeia de suprimentos.

Melhorar a experiência do cliente: eu posso ajudar os varejistas a melhorarem a experiência do cliente de várias maneiras, incluindo:
- Respondendo às perguntas dos clientes;
- Resolvendo problemas;
- Fornecendo informações úteis.

Espero que isso ajude!

Internet das Coisas

> **“**Vejo o IoT como mais uma grande revolução tecnológica que permite que dispositivos consigam fazer transações de compras de forma autônoma. Um exemplo é a geladeira inteligente que faz o pedido de compra conforme a baixa dos produtos dentro dela armazenados.**”**

Internet robusta e inteligência artificial: essas são as tecnologias que pavimentarão o caminho para o desenvolvimento e a expansão da Internet das Coisas (IoT). De objetos físicos – como eletrodomésticos, carros e casas – a plataformas de petróleo, o conceito é que haverá uma interconexão digital deles com a internet, tornando-os "inteligentes". Essa tecnologia possibilitará ao varejo adotar uma abordagem inovadora, incluindo a manutenção preditiva de equipamentos de refrigeração, gerenciamento de energia, monitoramento de frota e controle de estoques de maneira eficiente e automatizada.

Ainda que o conceito de Internet das Coisas no varejo não esteja totalmente claro entre especialistas que participaram da pesquisa, aqueles mais familiarizados com o tema destacam seu potencial em automatizar tarefas domésticas, como o abastecimento automático de produtos realizados por eletrodomésticos. Um exemplo prático é a geladeira capaz de monitorar seu próprio inventário e identificar produtos em falta, enviando automaticamente um pedido para reposição desses itens, um sonho antigo dos varejistas.

Em termos de inteligência de demanda, a IoT possibilita ter estoques automatizados e controlados por robótica, que permitem atender tanto os canais tradicionais quanto o comércio *on-line* de forma otimizada. Com a IoT, é possível também o monitoramento em tempo real das vendas e a identificação de oportunidades perdidas nas lojas físicas. Em um futuro próximo, os armazéns tenderão a ser espaços abertos com pallets automatizados e auto-organizáveis, otimizados conforme a demanda.

Embora a Internet das Coisas esteja nos estágios iniciais de adoção, a redução dos custos dos sensores facilitará, gradualmente, sua adoção e expansão. Outro ponto importante para seu desenvolvimento é o avanço da *Edge Computing*, uma evolução da computação em nuvem.

A *Edge Computing* permite o processamento de dados e análises de forma descentralizada, diretamente nos dispositivos IoT, reduzindo o tráfego de dados e a largura de banda. Essa capacidade computacional descentralizada é crucial para os dispositivos que requerem processamento e transmissão de dados em tempo real, sem depender exclusivamente da nuvem.

Os relatórios de tendências consultados a respeito dos consumidores do futuro apontam que estes almejam casas conectadas com dispositivos domésticos inteligentes e recursos de comando por voz, proporcionando facilidades para o dia a dia, conforme será explorado no próximo capítulo.

> *Edge Computing processa os dados críticos localmente, mais próximos ao usuário, resultando em otimização do tempo de resposta aos comandos e do uso da largura da banda, além de mais controle, processamento e agilidade no tratamento das informações.*

A Internet das Coisas também poderá ser útil para fazer a análise do fluxo de compras no ponto de venda físico, seja de uma loja ou de um shopping center, permitindo aos varejistas compreenderem melhor a jornada de compras dos clientes e, assim, agir em tempo real. Isso inclui, por exemplo, direcionar funcionários para auxiliar os clientes e ajustar *layouts* de lojas com base nos padrões de comportamento identificados.

Em suma, o sucesso da IoT no varejo está diretamente relacionado à habilidade dos varejistas em adotar a inteligência analítica para explorar o máximo valor dos dados obtidos. Para isso, é essencial ter um *mindset* digital, focar nas aplicações que mais atendem às necessidades dos consumidores, da operação de loja e, consequentemente, que tragam diferenciação competitiva.

Recursos por voz

Na esteira da IoT, vem a adoção crescente dos recursos por voz. Essa mudança será impulsionada por diversos fatores que convergem para tornar essa tecnologia essencial, tanto para consumidores quanto para varejistas.

O *Voice Commerce* agilizará as operações, especialmente em áreas com alta penetração de dispositivos móveis. Isso economizará tempo para os *shoppers* e otimizará o trabalho dos funcionários, à medida que as pessoas forem substituindo a digitação pela conversa com as máquinas.

Assistentes virtuais, como a Alexa, desempenharão um papel crucial na produtividade e serão a chave para realizar tarefas complexas, como traduções simultâneas, tornando a interação com marcas e serviços mais acessível.

As possibilidades irão de agendamento de serviços a cada passo da compra. Tudo, desde abrir carrinhos de compras até solicitar produtos, poderá ser feito por voz. Os meios de pagamento também serão beneficiados, tornando o processo mais eficiente e personalizado.

Em resumo, os recursos por voz transformarão o varejo supermercadista brasileiro nos próximos 10 anos, tornando a experiência de compra mais ágil, inclusiva e personalizada. O futuro do varejo está na voz, e as vozes dos clientes e das máquinas serão ouvidas com clareza.

Robôs e Automações

> ❝ Robôs e automação para a redução do out of stock, controle e reabastecimento dos sku's, manutenção e limpeza da área de vendas, facilitação do shopping trip. ❞

A automação é um dos pilares da tecnologia no varejo, especialmente por agilizar os processos em centros de distribuição. Em 2020, o mercado global de automação de varejo foi estimado em US$ 11,3 bilhões. De acordo com estimativas fornecidas pela Next Move Strategy Consulting, o mercado deverá crescer para US$ 33 bilhões até 2030.

Em minha pesquisa, os especialistas apontaram que a aplicação de robôs e automações aumentará a eficiência logística do varejo nacional em atividades como controle de estoque, abastecimento de produtos, execução nos centros de distribuição, última milha, dentre outros.

No ponto de venda, eles são potencialmente aplicáveis no atendimento aos clientes, limpeza de loja, manutenção de equipamentos, reposição de produtos e atividades de repetição em geral, por exemplo, substituindo a mão de obra humana nesses tipos de tarefas.

Essas tecnologias já são encontradas, hoje, no varejo. No Brasil, há empresas que fornecem robôs com câmeras acopladas que circulam entre as prateleiras para checar se há rupturas ou preços errados, por exemplo.

Grandes varejistas usam robôs para separação de mercadorias em seus centros de distribuição, como é o caso da Amazon.

> *Eficiência operacional é a chave para reduzir custos. Com tanta concorrência, a recorrência na venda pode chegar a se tornar mais importante do que um valor de ticket elevado. Pensando nisso, rotinas que são repetitivas e requerem de pessoas para serem executadas, podem ser robotizadas de forma que o custo com pessoal seja melhor aproveitado para realizar tarefas que agreguem valor e qualidade ao negócio.*

Outro exemplo de automação é o *self-checkout*, presente em supermercados, lojas de vestuário e material de construção no Brasil, mas ainda em seu início de popularização e inovação.

A *startup* israelense Shopic desenvolveu um dispositivo com tela e sensores que é acoplado ao carrinho e faz, de forma muito eficiente, a leitura de tudo o que é inserido ou retirado dele. Esse equipamento, por exemplo, dispensa o uso dos *self-checkouts*.

Acredito que esse passo da compra ainda sofrerá muitas mudanças, deixando o pagamento mais fluido, assim como descrito na loja do futuro.

Realidade Virtual e Metaverso

> *Tudo se torna mais fácil quando podemos ver. Japão e China nos mostram isso com seus mega telões em 3D. Encantamento e muita tecnologia ditam as novas jogadas do futuro das propagandas.*

Quando a pesquisa foi realizada, em março de 2022, o termo metaverso estava no *hype*. Dentre os especialistas que classificaram a Realidade Virtual como a tecnologia mais importante entre as apresentadas, sete deles citaram o metaverso como seu desdobramento.

Embora não tenham sido detalhadas suas aplicações no varejo, uma hipótese que surge é de que o metaverso será uma evolução do *e-commerce*. Do meu ponto de vista, no futuro, ele se tornará um novo canal de vendas, mas a verdade é que muitos acontecimentos ainda são necessários para que essa tecnologia aconteça no varejo.

Em primeiro lugar, é necessária uma internet muito robusta. Depois, vem a integração *on-line-off-line*, que deverá ser algo muito normalizado, o que eu chamo de Omnicanalidade 2.0. O que temos hoje é mais uma boa intenção das empresas, com pouco tendo sido implantado na prática.

Em terceiro lugar, temos os meios de pagamentos. As formas tradicionais, como cartão de crédito seguirão sendo aceitas, mas as moedas e ativos digitais terão que se popularizar, como criptomoedas e, especialmente, as *stablecoins*. É imprescindível que a volatilidade presenciada hoje dê lugar à estabilidade. Caso contrário, como ficaria a precificação de itens?

Outro recurso importante para esse funcionamento é o NFT (*tokens* não fungíveis). Em outras palavras, NFTs são itens virtuais armazenados em uma carteira digital que podem ser levados para qualquer lugar dentro do metaverso. De forma grosseira, eles fazem, no mundo virtual, o mesmo papel dos objetos no mundo real. Desta forma, eles são as "mercadorias" comercializáveis. Imagine ganhar o NFT de um sofá para seu espaço virtual ao comprar um sofá para sua casa física?

Por fim, como sabemos, é a aceitação e a demanda dos consumidores que direcionam a aplicação de inovação no varejo. Apenas quando cada uma das etapas anteriores for adotada massivamente pelo mercado é que o metaverso poderá se tornar fato. Quando isso acontecer, será necessário lidar não apenas com consumidores, mas com avatares, atuando em um novo modelo de negócios, o D2A: *Direct To Avatar*.

Realidade Aumentada

> ❝ A realidade aumentada vem crescendo, e tende ser uma das maiores inovações tecnológicas no varejo. Hoje, já podemos ver empresas como Walmart fazendo experimentos neste segmento. ❞

Mas se a realidade virtual e o metaverso ainda estão longe do horizonte supermercadista, o que dizer sobre o entusiasmo dos especialistas respondentes da pesquisa?

Em primeiro lugar, a pesquisa foi aplicada logo após a NRF de 2022, quando o termo metaverso ganhou destaque em todo o mundo, impactando as percepções e respostas coletadas.

Em segundo lugar, existe uma confusão comum a respeito de duas tecnologias: Realidade Virtual e Realidade Aumentada. Esta última, sim, está mais próxima do varejo, com tendência a se popularizar, já que basta um aparelho celular para fazer uso dela. Você se lembra do Pokémon? Pois é... Isso é realidade aumentada e um excelente exemplo de que o varejo tende a absorver inovações desenvolvidas em outros mercados quando estas já estão nas mãos dos consumidores.

Experiência é a palavra-chave quando se fala de realidade aumentada. Em minha pesquisa, essa tecnologia foi definida como aquela capaz de levar o "real para o virtual", facilitando demonstrações mais detalhadas de produtos e elevando o nível de satisfação com a experiência de compra.

> *Trazer para a compra virtual a mesma 'sensação' da compra na loja física, não tendo como ferramenta somente o teclado, por exemplo.*

No início de 2022, a rede britânica Marks & Spencer, que possui 137 anos de existência, lançou um aplicativo imersivo de localização de produtos em loja. Os usuários do aplicativo M&S inserem o produto desejado – ou uma lista de compras completa – e são direcionados para a prateleira exata onde o produto está exposto.

Outros varejistas de peso também vêm explorando a RA, como Walmart, Adidas, Asos e Zara. Nesta última, também é possível ser levado ao local exato de um item dentro da loja, utilizando-se o recurso "*Store Mode*", presente em seu aplicativo, que também permite a verificação de disponibilidade de produtos nas lojas físicas, reserva de provadores e compras *on-line* com retirada na loja, chamado de BOPIS (*buy on-line, pickup in store*).

Já o Walmart investiu em Realidade Aumentada para melhorar a eficiência do time interno, lançando o aplicativo Me@Walmart para seus funcionários em mais de 3.500 lojas. A tecnologia é utilizada para escanear embalagens no depósito, reduzindo de dois minutos e meio para 42 segundos a identificação de um novo estoque. Desta forma, as prateleiras são abastecidas mais rapidamente. Dado que alguns de seus pontos de venda têm 120.000 itens, isso se tornou extremamente útil.

A Realidade Aumentada ajudará os consumidores a acessarem informações sobre produtos, embalagens, usos etc., e a elevar o patamar da experiência das compras, inclusive com produtos preparados, como refeições e bebidas. Além de estimular as vendas, há outras aplicações possíveis no varejo, como coletar dados da jornada do consumidor, o que ajuda a aperfeiçoar, personalizar e oferecer produtos e serviços. Como conclusão, acredito que essas cinco tecnologias vão fazer a diferença no varejo e o principal alerta é estar atento a elas.

Com a ampliação da rede 5G, as outras tecnologias terão seu uso popularizado, a começar pela inteligência artificial aplicada à hiper personalização, levando ao varejista benefícios como a predição da demanda, estoques ajustados, precificação eficiente e, consequentemente, aumento de rentabilidade.

O acúmulo do conhecimento sobre as preferências dos consumidores trazido pela inteligência artificial apoiará o avanço da Internet das Coisas e dos recursos por voz, com a realização de um desejo antigo do varejo, que é a reposição rápida e automatizada de itens pelos aparelhos domésticos. Melhor eficiência e performance das operações serão obtidas com uso de Robôs e Automações, e a Realidade Aumentada será essencial para elevar a experiência de compra.

Vale mencionar, ainda, que, em minha pesquisa, outras soluções foram apontadas pelos especialistas de varejo como relevantes nos próximos 10 anos e que funcionarão em paralelo a essas seis principais. São elas: rastreamento por GPS, *Blockchain*, biometria e *QR Code*.

A tecnologia evolui em um ritmo exponencial e o consumidor quer fazer parte desses avanços. Vamos conhecer, no próximo capítulo, as previsões de comportamento do consumidor do futuro.

3. X, Y, Z Alpha - Diferenças e Semelhanças entre as Gerações

> *"É cada vez mais difícil de se comunicar com a Geração Z, porque eles fazem muita coisa ao mesmo tempo. Eles dizem que enquanto estão me vendo, também estão jogando e fazendo DR com a namorada, fazem tudo ao mesmo tempo. Podem não fazer bem feito, mas fazem".*
>
> Cazé, apresentador, comentarista esportivo, influenciador digital, humorista, *youtuber* e *streamer* brasileiro.

Nas últimas três décadas, dois fatores aceleraram mudanças ao redor do mundo: internet e dispositivos móveis. Eles ofereceram acesso amplo e ininterrupto a dados e informações de produtos, serviços e empresas.

Como resultado, indústria e varejo lidam com consumidores mais exigentes, informados, impacientes e com expectativas em constante crescimento.

Esses comportamentos estão especialmente presentes nas gerações chamadas nativas digitais: os *Millennials* ou Geração Y (nascidos entre 1980 e 1990, sendo que alguns pesquisadores estendem o período até 1995 ou o ano 2000) e a Geração Z (nascidos a partir de 1996 ou 2000).

Neste capítulo, colocarei uma lupa nas tendências de comportamento dessas gerações, que serão predominantes daqui a 10 anos, quando a Geração Y estará com idades entre 37 e 51 anos e a Z, entre 22 e 36.

A pesquisa *"Future of the family: Generation Z as homemakers"*, da Euromonitor International, indica que, em 2030, a Geração Z será o maior segmento populacional em todo o mundo: 1,8 bilhão de pessoas. Serão 659 milhões de lares chefiados por ela.

Os nativos digitais cresceram em um ambiente cercado por tecnologia e, por isso, possuem habilidades diferentes das de seus avós e pais – os *Baby Boomers* (nascidos entre 1942 e 1964) e a Geração X (nascidos entre 1965 e 1979). Hoje, já apresentam características marcantes e seus hábitos e visão de mundo impactarão o varejo em todas as áreas que o compõem.

Para se ter uma ideia dessas diferenças geracionais, há duas vezes mais probabilidade de os nativos digitais desejarem experiências de compra personalizadas do que as gerações anteriores (36% contra 20%), de acordo com o relatório *Commerce 2040 – Reinvention of Retail for a Digital World*", também da Euromonitor Internacional.

Mesmo entre elas, há diferenças. Enquanto a Geração Y experimentou a transformação digital na primeira infância, a Geração Z já nasceu em um mundo digitalizado. Desta forma, o impacto na primeira se deu mais na adaptação constante a novas tecnologias e, na segunda, em toda a sua visão de mundo, relações pessoais e com o mercado. Eles têm ampla consciência social, são pragmáticos e abertos à diversidade.

Como consumidores, a Geração Z é mais cautelosa, crítica, informada e busca opiniões reais de familiares e amigos, sendo, assim, menos persuadida por celebridades e influenciadores digitais do que os *Millenials*.

O desenho da loja do futuro, apresentado no capítulo anterior, foi pautado pelas tecnologias que estarão disponíveis, mas, principalmente, na forma como elas serão utilizadas e farão parte da vida dessas gerações.

Para uma melhor compreensão de seus comportamentos, analisei três dimensões de suas vidas na pesquisa realizada com os especialistas: o formato das famílias, as residências e a consciência social, como veremos a seguir.

Arranjos familiares diversos

> ❝ O varejo terá que ter muitas opções de produtos para essas novas famílias, então o CRM será essencial pra conhecer essas famílias e seu perfil de consumo. Será necessário mais produtos prontos (to go), embalagens menores, mais produtos naturais etc. ❞

Gerações Y e Z compartilham a tendência de adiar marcos tradicionais, como casamento, compra de casa e formação de família – que, quando constituída, será bem diferente da que conhecemos hoje. Os formatos "não tradicionais", como casais sem filhos humanos, mas com filhos pets, ou casais de homossexuais criando filhos juntos, por exemplo, seguirão ganhando espaço na sociedade.

As fronteiras sociais e culturais, para essas gerações, são mais amplas. Em se tratando de Geração Z, os estereótipos de gênero não são apreciados e ela tem levantado com afinco a bandeira de uma sociedade sem barreiras, colocando o respeito ao indivíduo como regra. Isso também se estenderá à equipe de funcionários, para quem a diversidade será fundamental para entender as necessidades e preferências de um público heterogêneo.

Com famílias menores, compostas por solteiros, casais jovens e famílias multigeracionais, o varejo supermercadista precisará oferecer produtos em embalagens de tamanhos reduzidos, focados em porções individuais ou para dois. Além disso, a demanda por produtos vegetarianos, veganos e orgânicos crescerá, refletindo as tendências saudáveis e conscientes de consumo dessas gerações.

Embora o Brasil já seja um país miscigenado, a internet e os *streamings* (de filmes, séries, músicas) abriram mais possibilidades de contato com culturas e hábitos não tão presentes em nosso dia a dia, e que passaram a influenciar a culinária, o vestuário, o entretenimento, as relações e o consumo. Um exemplo é a cultura sul-coreana, com sua música *K-pop* e seus seriados na Netflix, que fazem muito sucesso por aqui.

A crescente diversidade nas famílias e nas preferências de consumo exigirão uma abordagem mais personalizada e flexível. A inteligência artificial e o *Customer Relationship Management* (CRM) se tornarão essenciais para entender esses perfis de consumo e oferecer produtos e serviços que atendam às suas necessidades específicas. É provável que os lares dessas gerações sejam construídos com base na colaboração, afinal, elas já foram criadas por pais que ambos trabalhavam fora e para quem tarefas como fazer compras, preparar refeições, limpar e cuidar dos filhos costumam ser compartilhadas.

Assim, a busca por conveniência, a agilidade na entrega e o aumento das compras *on-line* pressionarão o varejo a, continuamente, investir em soluções digitais e omnicanais. Os supermercados deverão, também, se diversificar em termos de formatos de loja, incluindo lojas de nicho e opções especializadas para diferentes ocasiões de compra.

Em resumo, podemos esperar:

- **Variedade e Tamanhos de Embalagem**: embalagens menores e porções individuais para atender às famílias menores e à busca por praticidade;

- **Conveniência e Saúde**: produtos prontos para consumo, saudáveis e sustentáveis ganharão destaque;
- **Diversificação de Lojas**: uma mistura de formatos de loja, incluindo lojas de nicho, especializadas e on-line;
- **Digitalização e Personalização**: uso de inteligência artificial e análise de dados para entender e atender às necessidades do consumidor;
- **Representatividade e Diversidade**: marcas que refletem e respeitam a diversidade terão uma vantagem competitiva;
- **Alimentação Consciente**: maior foco em produtos vegetarianos, veganos e orgânicos;
- **Soluções Prontas e Personalizadas**: serviços que combinam conveniência, saúde e sustentabilidade.

> *Irá impactar na dinâmica de consumo multicanal e multiplataforma. As missões de compra não serão tão bem definidas como hoje: repositor, abastecedora, consumo imediato, etc. Acredito que a jornada será dinâmica e de alta complexidade para o varejista interpretar através de dados brutos, daí a necessidade de se ter os dados tratados na mão em plataformas de acesso rápido, explorando o poder analítico que os executivos do varejo precisam desenvolver (porque, culturalmente, valorizamos demais somente a experiência de loja).*

O varejo supermercadista brasileiro precisará se atentar a essas mudanças para prosperar nos próximos anos. A capacidade de inovar, adaptar-se e antecipar as necessidades dessas gerações será crucial para garantir sua relevância contínua no cenário competitivo.

Os lares do futuro

> ❝ Acredito que o varejo estará cada vez mais 'dentro' da casa do consumidor através de telas e assistentes via voz, onde o cliente poderá solicitar produtos ou até recorrências de itens comuns para que ele não precise se deslocar ao local tradicional de compra. As lojas serão cada vez mais pontos de experiência, degustação e troca entre consumidores com gostos em comum. Será o local onde ele irá conhecer novos produtos. ❞

Enquanto os *Millennials* são, frequentemente, chamados de "Geração do Aluguel", os membros da Geração Z tendem a valorizar a propriedade. Espera-se que suas residências sejam urbanas e espaçosas, equipadas com tecnologias inteligentes que proporcionam experiências personalizadas em casa, ao contrário dos microapartamentos, populares entre os *Millennials*.

É interessante notar que a casa terá um papel central para a Geração Z, uma vez que ela tende a passar muito tempo no espaço doméstico, socializando com família e amigos, fazendo atividades de entretenimento e trabalhando. Por isso, a hiperconectividade é essencial, facilitando o uso dos dispositivos para comunicação, entretenimento e compras.

Dado que essa geração já cresceu em um ambiente digital, as casas inteligentes, com sistemas automatizados e interconectados, provavelmente, serão uma escolha comum. Quase metade dos lares no mundo deve ter acesso à internet de banda larga até 2030, com o benefício da tendência de redução de preços dos *gadgets* ao longo do tempo. Aliás, as expectativas em relação às tecnologias presentes no lar são grandes: elas deverão proporcionar uma experiência única, com velocidade, conveniência e preços acessíveis.

Essa preferência por casas tecnológicas e personalizadas terá um impacto direto no varejo. Com o aumento das vendas *on-line* e o crescimento das compras fragmentadas em diversos *players*, os supermercados precisarão se adaptar para atender às demandas por entregas rápidas e eficientes. Isso pode levar a uma proliferação de *dark stores* (lojas de armazenamento que atendem apenas a pedidos *on-line*) para agilizar as entregas e aprimorar a conveniência.

A conectividade IoT (Internet das Coisas) também será fundamental para essa nova dinâmica. As casas automatizadas permitirão que os consumidores gerenciem suas compras de maneira mais eficiente, com sistemas que monitoram o estoque de alimentos e produtos e até mesmo sugerem compras com base nos padrões de consumo.

> *A Geração Z mudará a relação de percepção de valor com o 'material'. Acredito que, muito mais do que o objeto em si, o que valerá será a qualidade da experiência proporcionada; portanto, a oportunidade não está no produto, e sim na extensão desse produto como serviços e experiências oferecidas ao consumidor.*

Os supermercados terão que se adaptar para oferecer a experiência omnicanal, proporcionando várias maneiras de os clientes fazerem suas compras, seja por meio de assistentes de voz, dispositivos conectados ou aplicativos móveis.

A experiência de compra precisará se estender além das lojas físicas para atender às expectativas dessas gerações, exigindo uma abordagem mais tecnológica e orientada para serviços.

Em resumo, podemos esperar:

- **Casas Inteligentes e Conectadas**: aumento na demanda por casas inteligentes e conectadas, em que a tecnologia, como IoT e recursos por voz, desempenhará um papel crucial no cotidiano;

- **Omnicanalidade 2.0**: grandes expectativas e exigências para uma jornada de compra realmente fluida, com integração não apenas entre os canais de vendas, mas também com as residências do futuro.

Os supermercados que conseguirem oferecer uma experiência de compra integrada, fluida, personalizada e eficiente, alinhada com as expectativas das Gerações Y e Z, estarão bem posicionados para prosperar nesse cenário em constante evolução.

A visão de consumo

> *Os supermercadistas precisarão comprovar posicionamento e ações alinhadas com o consumidor, oferecer ainda mais opções orgânicas e ecológicas. O papel do varejo do futuro é trazer o consumidor para dentro da loja não como cliente, mas sim como parte da construção da experiência de compra e venda. Clientes se tornando exímios vendedores, defensores das marcas.*

Daqui a uma década, a visão de mundo das Gerações Y e Z estará profundamente enraizada em valores de sustentabilidade, ética e justiça social. Essas gerações terão amadurecido em um ambiente de transformações sociais, tecnológicas e ambientais, moldando suas percepções e expectativas de forma significativa.

Elas formarão um mercado consumidor informado e empoderado, buscando produtos que reflitam seus valores e estejam alinhados com questões éticas e sustentáveis. Empresas que adotam posições claras em relação a questões sociais, ambientais e de diversidade serão as preferidas.

Nesse sentido, os supermercados precisarão redefinir suas estratégias para atrair e manter esses consumidores, oferecendo produtos que promovam o bem-estar e sejam sustentáveis. A exigência pelo rastreamento da *supply chain* "do campo à mesa" deve crescer nos próximos anos. Os consumidores vão querer saber de onde vêm e como foram produzidos seus alimentos. De acordo com a opinião dos especialistas, o *blockchain* permitirá que os supermercados forneçam informações detalhadas sobre a jornada de seus produtos, aumentando a confiança do cliente.

A transparência se tornará uma moeda valiosa. Empresas que falharem em fornecer informações detalhadas sobre como os produtos são produzidos, as condições de trabalho dos colaboradores e o impacto ambiental de suas operações ou forem percebidas como não comprometidas com a responsabilidade social terão dificuldades em manter sua relevância no mercado.

> *Foco maior na venda de produtos que entregam bem-estar: perecíveis, produtos orgânicos. Foco em produtos éticos e transparentes: direto do campo, trabalhando com produtores locais e rurais. Comunicar a rastreabilidade dos produto.*

A venda de produtos orgânicos, frescos, saudáveis e provenientes de fontes locais seguirá ganhando força, assim como as práticas de economia circular, como o uso de embalagens recicláveis e retornáveis.

O relacionamento entre consumidor e varejo evoluirá para uma parceria mais profunda. Os clientes serão vistos não apenas como compradores, mas como defensores das marcas, influenciadores e até mesmo participantes na construção da experiência de compra. Esse nível de engajamento exigirá uma nova forma de interação entre eles.

Um dos pontos centrais enfatizados pelos especialistas é a necessidade crescente de os supermercados adotarem políticas e práticas alinhadas aos princípios de ESG. Como percebido, não se trata apenas de vender produtos naturais ou ambientalmente sustentáveis, mas de adotar a sustentabilidade em todas as dimensões do negócio, estendendo-se também aos fornecedores. Isso não será apenas um diferencial, mas um pré-requisito para a sobrevivência das empresas no cenário competitivo do varejo.

> *É desafio das grandes organizações melhorar a experiência de compra dos consumidores e, no futuro, isso demandará cautela e cuidado no estabelecimento de parcerias. A era do cancelamento digital é uma realidade que afeta a economia e o fluxo de entrada e saída de recursos necessários à perpetuação de marcas, serviços e inovação.*

No entanto, os especialistas também destacam um desafio importante: como equilibrar as preocupações ESG com a competitividade dos preços. Encontrar maneiras de incorporar os custos associados a práticas sustentáveis sem perder a competitividade no mercado será um desafio crucial para o setor varejista.

Em resumo, podemos esperar:

- **Visão de Mundo:** busca por produtos alinhados a valores éticos, sustentáveis, com justiça social e transparência.;
- **Rastreabilidade:** foco em produtos orgânicos, frescos e saudáveis, de origem local, bem como em práticas de rastreabilidade;
- **ESG:** será um fator fundamental no varejo;
- **Parceria:** consumidores poderão se tornar parceiros dos varejistas na construção de uma jornada mais alinhada aos valores citados anteriormente.

Resetando o abc das gerações digitais

O ciclo geracional não se encerra com a Geração Z. Originários a partir de 2010, os Alphas constituem os descendentes da Geração Y. Com sua chegada, também surgiu o primeiro iPad e a desenvoltura com que essa geração explora *tablets* e outros gadgets nos faz pensar se eles realmente são deste planeta!

Cada faceta de suas vidas se encontra ligada à internet, com a tecnologia solidamente enraizada em seu cotidiano. Os recursos por voz soam tão familiares que tornaram a Alexa uma "amiga da família", assim como o ChatGPT é um "amigo da escola". E são amigos capazes de resolver quase todas as questões.

Os nativos digitais moldarão um cenário em que a sustentabilidade, a ética e a transparência serão os pilares do consumo. O varejo supermercadista brasileiro precisará se adaptar a essa nova realidade, reformulando sua abordagem de produtos, relacionamento com o consumidor e práticas operacionais. As empresas que conseguirem se alinhar a esses valores e expectativas colherão os frutos de uma base de consumidores leais, engajados e conscientes.

4. Inspiração ou Aprendizado: Varejistas e Seus Caminhos

"Se você quer fazer uma coisa realmente grande, seja grande como a coisa que você quer fazer".

Nizan Guanaes, publicitário e empresário brasileiro

O que faz com que alguns varejistas se tornem referência em inovação para todo o mercado?

Antes de responder a essa pergunta, vale um pequeno mergulho sobre o que é inovação. Dentre inúmeras definições, adotei a seguinte:

> Inovação é o desenvolvimento e a implementação bem-sucedida de um produto, serviço, tecnologia, processo de trabalho ou condição de mercado novo ou melhorado, visando obter uma vantagem competitiva.

O que pude perceber, nos vários artigos que li e nas respostas dos especialistas na pesquisa realizada, é que existe um fator comum entre esses varejistas: o investimento contínuo na melhoria da experiência de compra.

É nítido que as empresas citadas tiveram o consumidor como o principal direcionador de suas decisões, colhendo bons frutos ao longo de sua existência. Da mesma forma, o contrário também é notado: varejistas que focaram em outras dimensões para sua tomada de decisão, como as questões puramente financeiras, falharam em se manter competitivos, como veremos mais ao final.

É claro que os objetivos da inovação são maximizar o lucro, o crescimento econômico (sustentável) e a implementação de processos mais eficientes, mas os caminhos adotados para alcançá-los importam muito.

Outros pontos importantes na trajetória de sucesso desses varejistas foram:

- O crescimento do papel da tecnologia em seus processos;

- A integração entre os canais *on-line* e *off-line*, que se complementam e ainda oferecem benefícios adicionais;

- O oferta de novos formatos, sejam eles *on-line* ou *off-line*.

E quem são os varejistas que nos servem de inspiração? Neste capítulo, vou mostrar o que os levou a esse estágio e o que vale (ou não) fazer parte da cultura das empresas que desejam ter sucesso e perenidade.

Abaixo, aqueles que perfizeram mais de 90% das respostas:

1. Amazon, considerado o mais inovador para 40,8% dos respondentes;
2. Mercado Livre (24,9%);
3. Magazine Luiza (16,8%);
4. Grupo Pão de Açúcar (7,1%).

As justificativas para a classificação, para as quais olharemos mais profundamente a seguir, são a parte mais interessante da análise.

Amazon e sua ambidestria[2]

Ela é, inegavelmente, um dos varejistas mais inovadores da atualidade, com uma trajetória que se destaca por seu espírito pioneiro e uma capacidade notável de se reinventar constantemente. A empresa não apenas revolucionou o modo como fazemos compras *on-line*, mas também transformou a maneira como o varejo é concebido e operado.

> A centricidade no cliente está na prática, e não somente no discurso (sem fricção). Isso faz com que muitas ações sejam de inovação na relação de consumo. Exemplos já seguidos por outras empresas: processo de troca sem questionar o cliente, entregas ultrarrápidas, lojas autônomas e sem funcionários para atendimento/pagamento, **marketplace** e mobilidade.

Desde sua criação, a Amazon tem sido sinônimo de diversificação. O que começou como uma simples livraria *on-line*, evoluiu para um gigante que atua em uma ampla variedade de áreas, desde entretenimento até o varejo de alimentos e os serviços em nuvem. Essa diversificação permite que ela experimente e introduza novas ideias em diferentes mercados, muitas vezes antecipando as necessidades dos consumidores antes mesmo de eles as perceberem.

Uma de suas principais características é sua intensa utilização de tecnologia. A empresa investe significativamente em pesquisa e desenvolvimento, o que lhe permitiu criar plataformas e soluções inovadoras, como o Kindle, a assistente virtual Alexa, o conceito de lojas autônomas Amazon Go e o Amazon Prime.

Além disso, a Amazon é líder na aplicação de inteligência artificial e *machine learning* (aprendizado de máquina) para melhorar a experiência do cliente. A análise de dados e o monitoramento do comportamento do consumidor permitem à empresa entender as preferências individuais e oferecer recomendações personalizadas, criando um ciclo de compra mais eficiente e atraente.

Não só a venda de produtos, mas o *retail media* é também uma importante fonte de renda para a empresa. Em pouco mais de uma década, a Amazon criou um negócio de anúncios digitais que rompeu o duopólio entre Google e Meta. Sua receita publicitária para 2023 está estimada em U$ 45 bilhões, grande parte originária dos resultados de pesquisa patrocinada em seu site de comércio eletrônico.

Este montante representa cerca de 7,5% da publicidade digital mundial, de acordo com a Insider Intelligence, uma empresa de pesquisa, e mais de um terço do tamanho do negócio de publicidade da Meta, por exemplo.

---

2. Crédito das fotos das empresas varejistas: Licença Editorial Banco de Imagens Dreamstime.

A varejista tem uma visão de negócios que vai além do convencional. A introdução de lojas físicas sem caixas, como as Amazon Go, exemplifica essa abordagem. Por meio de tecnologias avançadas, como sensores e câmeras, os clientes podem entrar, pegar o que desejam e sair sem a necessidade de passar por um caixa tradicional. Essa abordagem minimiza a fricção na experiência de compra, permitindo um processo mais suave e rápido. É a experiência digital de fluidez na navegação do site sendo transportada para o universo físico.

A logística é outro pilar de sua busca por inovação. A empresa otimizou a última milha de suas entregas, introduzindo opções ultrarrápidas e até mesmo o uso de drones para algumas regiões. Além disso, desenvolveu seu próprio serviço de nuvem, o Amazon Web Services (AWS), que oferece uma plataforma confiável e escalável para empresas em todo o mundo.

Seu compromisso com a experiência do cliente é evidente em sua atenção aos detalhes. Desde a navegação intuitiva em seu site até a facilidade de devoluções, a empresa coloca o consumidor no centro de tudo o que faz. A Amazon Prime, por exemplo, oferece uma variedade de benefícios que incentivam a fidelização, como entrega rápida e acesso a serviços de entretenimento e conteúdo digital.

> **A Amazon é inovadora porque tem:**
>
> - Capacidade de antecipar tendências;
> - Disposição para experimentar novos conceitos;
> - Dedicação em usar a tecnologia para melhorar a experiência de compra.

A Amazon não apenas influenciou o varejo *on-line* e mundial, mas também tem moldado a forma como entendemos o varejo em geral, combinando conveniência, tecnologia e foco no cliente de maneiras que definem o padrão para a indústria.

> *"When you introduce data, it transforms markets."*
>
> Andrew Lipsman, principal *analyst* de Varejo e *E-commerce*, da Insider Intelligence.

Mercado Livre:
uma nativa digital

❝ *É mais abrangente/democrático em seu leque de parceiros e clientes, e logisticamente mais eficaz.* **❞**

Amplamente considerado um dos varejistas mais inovadores da atualidade, essa posição é respaldada por uma série de características distintas que o diferenciam no mercado. A empresa não apenas revolucionou a forma como os consumidores brasileiros compram e vendem produtos *on-line*, mas também se destacou por seu enfoque em logística e na criação de um ecossistema integrado de soluções.

Um dos aspectos de destaque é a amplitude de seu alcance. A plataforma é mais aberta e democrática em termos de parceiros e clientes, abraçando tanto empresas quanto indivíduos. Essa abordagem inclusiva permite que uma diversidade de vendedores participe ativamente do mercado, enriquecendo a gama de produtos disponíveis para os consumidores. Ela é uma das bases do sucesso do Mercado Livre.

A empresa revolucionou a entrega em nosso mercado, introduzindo opções como a entrega no mesmo dia e implementando estratégias de logística eficientes, como o *Fulfillment*, para garantir que os produtos cheguem aos consumidores de maneira rápida e confiável. Além disso, sua expansão estratégica de centros de distribuição em parceria com terceiros possibilitou uma presença abrangente, reduzindo o tempo de entrega.

Ao agregar diversos serviços, como pagamentos, logística e mais, a plataforma se tornou um balcão único para os vendedores, simplificando suas operações e proporcionando uma experiência fluida para os consumidores. Esse ecossistema não só otimiza a jornada do cliente, mas também oferece uma gama de serviços que impulsionam as atividades de negócios dos vendedores.

Sua entrada no mercado alimentar representa um movimento ousado e inovador. Ao expandir seu escopo para incluir alimentos, a empresa demonstrou sua capacidade de se adaptar às necessidades em constante evolução dos consumidores e de se manter à frente das tendências do mercado. Isso também mostra a flexibilidade da plataforma em acomodar diferentes categorias de produtos e suas necessidades específicas de distribuição.

No coração dessa inovação se encontra a dedicação do varejista à eficiência contínua e à melhoria dos processos. A empresa investiu consistentemente em tecnologia, logística e atendimento ao cliente para garantir que suas operações fossem ágeis, seguras e centradas no cliente. A abordagem proativa do Mercado Livre em buscar *feedbacks* dos clientes e aprimorar seus serviços demonstra um compromisso genuíno em oferecer a melhor experiência possível.

> **O Mercado Livre é considerado inovador por:**
>
> - Sua capacidade de criar e manter uma plataforma abrangente, eficiente e integrada que atende às necessidades diversificadas de seus clientes e parceiros;
> - Sua ênfase na logística eficiente;
> - Seu ecossistema de soluções.

Sua capacidade de se adaptar às mudanças do mercado são evidências claras de liderança e visão inovadora no cenário do varejo brasileiro e latino-americano.

Magazine Luiza: transformação digital de sucesso

> ❝ Acredito que a Magalu teve um movimento ousado e planejado ao tocar uma Transformação Digital há muitos anos. Entre erros e acertos, muito valor foi destravado para o acionista e a empresa. Hoje, respira uma cultura de inovação e é, genuinamente, uma empresa digital. Cultura, inovação e jornada digital estruturada são grandes ativos no varejo do futuro – e não são construídos no curto prazo. ❞

O Magazine Luiza, também chamado de Magalu, é amplamente reconhecido como um varejista inovador no cenário brasileiro e até mesmo internacional. Sua trajetória de sucesso é resultado de uma série de iniciativas e estratégias que o destacaram no mercado e o transformaram em um competidor forte, mesmo em um ambiente econômico desafiador.

Uma das características que o torna inovador é sua capacidade de se reinventar ao longo do tempo. Desde os primeiros passos na Transformação Digital, a empresa demonstrou coragem e ousadia ao abraçar a mudança de paradigma. A jornada digital estruturada, que foi construída ao longo de anos, resultou em uma cultura de inovação enraizada na organização. A empresa não apenas adotou tecnologias, mas também criou um ambiente onde a inovação é valorizada e incentivada, e isso não é um feito que pode ser alcançado rapidamente.

A diversidade de serviços integrados oferecidos é um exemplo notável. Inspirando-se em modelos de negócios chineses, o Magalu expandiu seu ecossistema para incluir *marketplaces*, *cashback*, integração com terceiros, entre outros aspectos. A estratégia de compra de startups também adicionou um toque de inovação ao seu portfólio, permitindo à empresa adquirir conhecimento tecnológico especializado e expandir suas capacidades.

A digitalização foi um pilar crucial na estratégia. A varejista não apenas desenvolveu um aplicativo de sucesso, mas também integrou serviços, como o MagaluPay, para proporcionar uma experiência mais completa aos consumidores. A flexibilidade de comprar *on-line* e retirar na loja física, aliada a uma ampla variedade de produtos, atendeu às diferentes demandas do público.

Outro atingimento notável foi o sucesso na construção da primeira influenciadora digital, que se tornou a maior do mundo em número de seguidores, e incentivou vários outros *players* do mercado a também criarem seus personagens virtuais.

Além disso, a liderança visionária de Luiza Trajano, uma mulher à frente de seu tempo, desempenhou um papel fundamental na organização. Ela liderou ações significativas, como o Grupo Mulheres do Brasil, promovendo a diversidade e a igualdade.

Essa abordagem pioneira não apenas fortaleceu a imagem da empresa, mas também demonstrou sua capacidade de abraçar mudanças sociais e tecnológicas.

Sua capacidade de inovar em meio a um contexto de renda desigual e logística desafiadora é destacável. A empresa conseguiu transformar desafios em oportunidades, explorando modelos de negócios criativos, como a plataforma que viabiliza compras conjuntas para reduzir os custos. A colaboração com os consumidores para se tornarem "lojistas" também exemplifica como a empresa combina aspectos sociais e de negócios de maneira inovadora.

A empresa não apenas abraçou a Transformação Digital, mas também se tornou uma força motriz no cenário de varejo, demonstrando que a inovação é uma jornada contínua, e não um destino final.

> **Magazine Luiza é considerado um varejista inovador por:**
>
> - Sua capacidade de adaptação;
> - Liderança visionária;
> - Diversificação de serviços;
> - Foco no cliente;
> - Investimentos em tecnologia;
> - Uma cultura de inovação arraigada.

Ao investir em *startups*, parcerias estratégicas, tecnologia e educação (como a colaboração com a Fundação Dom Cabral), o Magalu mostrou sua vontade contínua de aprender e evoluir. Sua transformação digital, agilidade no mercado e presença omnicanal não apenas o diferenciam no mercado, mas também o capacitam a competir com gigantes globais, como a Amazon.

Grupo Pão de Açúcar: pioneirismo no DNA

> *Sempre trouxe novidades nas vendas de e-commerce com o site Amélia, há mais de 20 anos, e, agora, com as suas plataformas de vendas. Exemplo: plataforma do churrasco, vendas parcerias no lastmiles e marketplace em outras grandes redes como Magalu.*

Quando se trata de varejo supermercadista, o Grupo Pão de Açúcar (GPA) é, indiscutivelmente, o mais inovador do mercado brasileiro, e isso é evidenciado por uma série de iniciativas que a empresa implementou ao longo dos anos. A capacidade de se manter à frente das tendências e de redefinir constantemente a experiência do cliente é uma das razões pelas quais o GPA é reconhecido como líder em inovação no setor.

Desde seus primórdios, a empresa demonstrou uma predisposição para a inovação. Há mais de duas décadas, introduziu novidades no comércio eletrônico, como o site Amélia, o que demonstrou uma compreensão antecipada da crescente importância do comércio *on-line*. Essa tradição de pioneirismo continuou com o lançamento de várias plataformas de vendas *on-line*, incluindo Churrasco, e a colaboração com outras grandes redes, como Magalu, no formato de *marketplace*.

Uma de suas características marcantes é sua disposição em adotar tecnologias emergentes. Ele foi o primeiro a estabelecer canais de *e-commerce*, desenvolver um aplicativo móvel para compras e implementar programas de fidelidade. A parceria com *startups* e o investimento contínuo em formação e reciclagem técnica de colaboradores demonstram um compromisso com a inovação em todos os níveis da organização.

A abordagem multissensorial das lojas é outro fator que contribui para sua reputação. A empresa entendeu a importância de criar ambientes que ofereçam uma experiência de compra agradável e livre de atritos. O *design* das lojas, o sortimento diferenciado de produtos e a oferta de serviços como o *delivery* de bairro em 15 minutos (Get Local) demonstram uma compreensão profunda das necessidades dos clientes modernos.

Seu compromisso com a sustentabilidade e produtos naturais também reflete a visão inovadora. A linha de produtos sustentáveis e o foco em *design* ecológico mostram uma preocupação em atender às expectativas dos consumidores conscientes, ao mesmo tempo em que se mantém à frente das tendências de mercado.

A empresa continua a reinventar sua operação e a transformar o varejo supermercadista por meio de sua mentalidade voltada para o futuro.

> **O Grupo Pão de Açúcar é inovador por:**
>
> - Sua história de pioneirismo no comércio eletrônico;
> - Adoção de tecnologias emergentes;
> - Criação de experiências de compra diferenciadas;
> - Compromisso com a sustentabilidade;
> - Capacidade de adaptação rápida.

Uma das características mais notáveis do GPA é sua capacidade de adaptação rápida às mudanças do mercado. A velocidade com que a empresa adota e implementa novas tecnologias e conceitos é impressionante e um testemunho de sua agilidade organizacional.

Outros exemplos interessantes

Os exemplos anteriores são icônicos e fazem parte do repertório do varejo nacional, mas existem outros pontuais, ao redor do mundo, interessantes de serem observados. Há lojas e conceitos que surgem (e desaparecem) que também podem nos servir de inspiração. A seguir, selecionei algumas para vocês.

TYPY: quando a robótica encontra o supermercado

TYPY é um supermercado inaugurado em novembro de 2020, na cidade de Düsseldorf, na Alemanha, e oferece um novo conceito na experiência de compra. A loja é totalmente automatizada e o espaço de armazenamento é usado de forma inteligente em pequenas áreas.

As compras são feitas pelo aplicativo (é claro!) ou na própria loja, pelo terminal de pedidos do computador Pyramid, que funciona todos os dias, durante 24h.

Uma solução de robô digital separa as compras em segundos e as entrega automaticamente na área de saída. Como uma empresa antenada com as demandas das gerações mais jovens, são oferecidos produtos de parceiros regionais, embalagens ecológicas e há uma alta taxa de reciclagem de alimentos frescos.

Foxtrot Market: conveniência on-line e física

Fundada em 2013, em Chicago (EUA), a Foxtrot Market tem um conceito diferenciado de loja de conveniência que combina perfeitamente as experiências de compras on-line e lojas físicas.

Segundo os co-fundadores Mike La Vitola e Taylor Bloom, a ideia era pegar todas as categorias tradicionais de conveniência e juntar com experiências que eles amavam. Isso acabou se traduzindo em uma loja "boutique de esquina" com curadoria de produtos artesanais, cerveja e vinho, e entrega em menos de uma hora, por meio de seu aplicativo. O espaço ainda oferece uma cafeteria, que serve desde um *latte* até almoço completo.

Durante a pandemia, eles observaram que as pessoas, presas em casa, trabalhando em seus quartos, estavam enlouquecendo. E as lojas se tornaram um ótimo lugar para sair, tomar um café, explorar a seleção de vinhos por 15 minutos ou descobrir uma nova marca de sorvete – apenas sair, divertir-se, ter um pouco de alegria em seu dia, antes de voltar para casa.

O conceito de loja de abastecimento que se tornou um espaço de experiência precisa extrapolar uma época em que as pessoas ficaram confinadas e fazer, definitivamente, parte do modus operandi do varejo supermercadista. Originalmente, o grupo começou apenas com *e-commerce* e *delivery* e, posteriormente, abriu as unidades físicas, que variam de 2.500 a 3.650m² e focam em uma seleção de produtos especialmente voltados para os consumidores das Gerações Millennial e Z.

Pick-Me-Ups: não aceitamos dinheiro! Apenas likes :)

Era assim que funcionava a Pick-Me-Ups, uma *pop-up store* que operou durante alguns meses de 2021, em Toronto, no Canadá.
O conceito foi desenvolvido pela Dairy Farmers of Ontario (Associação de produtores lácteos) e a loja não aceitava nenhuma forma de moeda para pagamento: apenas postagens no Instagram e no TikTok. O sortimento contava com diversos produtos de vendedores locais e havia também um espaço de eventos para artistas e músicos da cidade.

Para o consumidor entrar na loja, primeiro era necessário seguir o perfil @milkupontario nas redes sociais. Uma vez lá dentro, se estivesse interessado em adquirir qualquer produto, o consumidor precisava fazer uma publicação em sua conta no TikTok ou no Instagram, marcando o fornecedor associado.

Todos os produtos vendidos, como sacolas, *nail art* e alimentos, tinham como tema o leite, e a maioria só estava disponível na Pick-Me-Ups. A loja tinha filas muito longas e o estoque acabava rapidamente.

O sucesso foi tão grande que eles seguem procurando novos espaços para lançar o modelo novamente.

Walmart: a falta do olhar para o mercado local

O varejo não é feito apenas de histórias de sucesso e inovação. Bem pelo contrário. As dificuldades são comuns e, em geral, atingem empresas que tropeçaram em seus esforços para melhorar a experiência do consumidor, muitas vezes focando apenas nos resultados de curto prazo ou em paradigmas de seus mercados de origem.

Um exemplo foi a vinda do Walmart para o Brasil. Gigante do varejo, ele é internacionalmente reconhecido por sua capacidade de inovação. Nos Estados Unidos, em particular, a empresa tem sido líder no desenvolvimento e implementação de tecnologias que transformam a experiência de compra e impulsionam a eficiência operacional.

No entanto, essa história de inovação não se traduziu completamente para sua operação brasileira. Essa discrepância pode ser atribuída a uma combinação de fatores que vão desde diferenças culturais até desafios logísticos e de mercado.

Nos Estados Unidos, a empresa sempre investiu no desenvolvimento interno de sistemas e tecnologias ao longo de sua cadeia de valor. Sistemas avançados de reposição de estoque e a abertura de informações operacionais para fornecedores exemplificam seu compromisso em otimizar as operações e promover a colaboração dentro da cadeia de suprimentos.

Inovações como o sistema de *checkout* automatizado, programas de fidelidade como o Sam's Club e uma abordagem abrangente de CRM que integra múltiplos canais fortalecem a experiência do cliente e a eficiência.

Por lá, ele também demonstrou uma disposição constante em experimentar novas tecnologias, desde lojas autônomas até a criação de sua empresa independente, a Luminate, que, para gerir análises de dados de consumidores, demonstrou agilidade em adotar soluções tecnológicas emergentes. Também faz parte do ecossistema de inovação da empresa a utilização de robótica para controle de estoque.

Entretanto, quando comparamos essa realidade com a do Brasil, surgem diferenças notáveis. Uma das razões fundamentais é o contexto de mercado. O Brasil possui desafios logísticos complexos devido à sua vasta dimensão geográfica e infraestrutura em desenvolvimento. Isso dificulta a rápida implantação de tecnologias avançadas em comparação com um mercado altamente desenvolvido, como o dos EUA.

Além disso, a cultura empresarial e as dinâmicas do mercado também desempenham um papel crucial. As particularidades regulatórias, a predisposição à experimentação e a velocidade da mudança organizacional também podem diferir, impactando diretamente na capacidade de inovação de uma empresa.

É importante considerar os investimentos e prioridades estratégicas. Enquanto o Walmart, nos EUA e no México, direciona recursos significativos para *startups* e tecnologias inovadoras, essa abordagem não foi proeminente no Brasil, devido a uma avaliação do mercado e dos retornos esperados.

Lojas Americanas: um modelo com dias contados

Com inconsistências contábeis e um desfalque de, ao menos, R$ 40 bilhões, as Lojas Americanas se tornaram outro exemplo recente e muito impactante. Ao focar nas manobras financeiras para sua sobrevivência, a empresa se tornou frágil e quase conseguiu o oposto: sua falência.

O escândalo foi parar nos tribunais e envolveu diretores, executivos e acionistas, além de bancos, auditorias e fornecedores. Ao longo de anos, as fraudes foram escondidas por outras fraudes, até o momento em que se tornaram insustentáveis.

Enquanto isso, as lojas físicas demonstravam falta de organização, de limpeza e de investimento na experiência de compra, sendo necessário compensar com preços e promoções agressivas, o que não impediu o fechamento de 30 lojas e a demissão de mais de 5 mil funcionários.

Os resultados colhidos nos últimos meses foram desastrosos, com uma queda de 53% no GMV (R$ 4,038 bilhões em dezembro de 2022 contra R$ 1,908 bilhão em abril de 2023). A receita no canal digital sofreu ainda mais, retraindo 91% no mesmo período (R$ 1,2 bilhão registrados em dezembro de 2022 contra R$ 107,6 milhões em abril de 2023).

Como vimos no capítulo 3, a respeito dos consumidores do futuro, atitudes mais éticas serão cobradas das empresas. Quem pensa que isso se dará apenas no âmbito da sustentabilidade está muito enganado. A governança responsável está na agenda das gerações nativas digitais, o que me leva a crer que modelos como estes estão com seus dias contados.

5. A Fundação para o Mindset Digital

"Visão importa, mas uma visão transformativa importa ainda mais".

George Westerman, Didier Bonnet e Andrew McAfee no livro Leading Digital

Várias são as teorias que buscam decifrar os movimentos do varejo. A que considero mais próxima de conseguir explicar é a chamada Teoria da Mudança. Ela traz a perspectiva de que a adaptação e a evolução das estruturas varejistas respondem ao que está acontecendo na economia e na sociedade ao seu redor.

Deste ambiente, fazem parte os consumidores, considerados, por muitos autores, como o principal direcionador de adoção de inovação no varejo.

Por exemplo, se as pessoas estão ganhando mais dinheiro ou se há uma tendência cultural específica, isso pode afetar a forma como as lojas funcionam e se organizam.

Todavia, sabemos que o ambiente, por si só, não é inteiramente responsável por nenhuma mudança. Se assim fosse, a maioria dos supermercados teria sua operação *on-line* consolidada, visto que os consumidores já estão digitalizados, com tendência de depender cada vez mais do universo *on-line*.

Na verdade, são as decisões tomadas por seus gestores que possibilitam o aproveitamento ou a rejeição de tais circunstâncias para suas organizações. E apenas relembrando: somente as empresas que possuem a capacidade de se adaptar às alterações do ambiente é que sobrevivem no mercado.

No contexto que estamos tratando desde o início do livro, dou a essa capacidade o nome de **mindset digital**, que em nada se relaciona a gerações ou à facilidade de uso de tecnologia. No conceito que quero trazer a você, significa acreditar que a inovação, a tecnologia e a digitalização são fundamentais para um negócio ganhar **produtividade, escala** e **competitividade**.

É também nessa esteira que vem minha rejeição a um termo muito utilizado no mercado: o "básico bem feito". Se eu pudesse ter um desejo atendido, ele seria banir essa frase dos pensamentos dos varejistas. Vou te explicar o porquê: ele me traz a impressão de um esforço importante, porém pontual e horizontalizado, em atividades cotidianas e de repetição. É como se o varejista estivesse sempre resolvendo os mesmos problemas. Em resumo, "enxugando gelo".

Minha sugestão é fazer a troca por outro conceito: a fundação. Como disse anteriormente, esses esforços são, sim, importantes, mas o olhar para eles deveria ser de processos implementados e resolvidos, sobre os quais novos processos e inovações são construídos em um sistema de contínua evolução. Para esse sistema funcionar, a fundação precisa ser sempre bem feita e sólida.

Vamos a um exercício.

Nessa desconstrução do básico bem feito, o que pode ser resolvido com tecnologia? Se retomarmos os processos considerados básicos – como prateleiras bem abastecidas e precificação correta –, todos eles podem ser aprimorados com soluções tecnológicas.

Um bom exemplo é a operação da rede mineira Verdemar. A empresa desenvolveu internamente um sistema que mostra para o funcionário, via aplicativo, o produto que precisa ser reposto e em qual prateleira da loja. Com o processo automatizado, o abastecimento não depende da decisão de gerente, fornecedor ou repositor externo, o que torna a ruptura baixíssima. Eles são reconhecidos como um dos metros quadrados que mais vende no País.

A empresa completou 30 anos, teve início como uma queijaria, foi expandindo e hoje está com 16 lojas na Grande Belo Horizonte (MG), com planos para mais unidades. Como registrado em diversas revistas do setor varejista, os proprietários sempre tiveram um olhar atento à operação, aos seus consumidores e às inovações tecnológicas. Com uma fundação bem estruturada, eles têm escalado de forma consistente e sustentável.

No livro *Liderando na Era Digital: usando Tecnologia para a Transformação dos Negócios* (em tradução livre), é apresentado o conceito de Maestria Digital (ou *Digital Master*), no qual existem quatro classificações possíveis de serem alcançadas pelas empresas com base no cruzamento de duas dimensões críticas: as capacidades digitais e a liderança digital.

Os autores defendem que um *Digital Master* sabe como e quando investir em oportunidades digitais. "Eles veem a tecnologia como uma ferramenta para mudar a forma como fazem negócio – o engajamento dos consumidores, seu modelo operacional e até o seu modelo de negócio. Para eles, as novas tecnologias, como *mobile*, *social media* e *analytics*, são ferramentas para chegar mais perto do consumidor, dar mais poder a seus funcionários e transformar seus processos de negócio internos".

Mais ainda, eles afirmam que uma liderança realmente comprometida é o que transforma tecnologia em evolução do negócio. "Todo *Digital Master* tem uma liderança executiva que conduz de perto esse processo: indicando a direção a seguir, construindo o momento e garantindo o engajamento de toda a empresa".

Classificações:
1. **Digital Masters**: destacam-se tanto nas capacidades digitais como na liderança para a transformação;
2. **Fashionistas**: investem em tecnologia digital, mas carecem de liderança e desperdiçam muitos investimentos;
3. **Conservadores**: têm alta capacidade de liderança, mas baixa capacidade de digitalização.

O varejo supermercadista se encaixa no quarto conceito, chamado **Beginner**, ou seja, posiciona-se no início da sua jornada digital e, por vezes, adota a estratégia de esperar para ver ou até acredita que a oportunidade digital é certa apenas para outros setores. Não precisa (e não deve) ser assim.

Como vimos ao longo do capítulo 3, as Gerações Y e Z, nativas digitais, seguirão pressionando o varejo. Sabendo disso, o ideal é sair na frente. As apertadas margens e a dificuldade de investimentos costumam ser obstáculos na adoção de inovação pelo setor, mas há alternativas.

Assim como o varejo, as *startups* em estágio inicial têm limitações de orçamento que poderiam restringir seu tempo de permanência no mercado, não fosse por seu *mindset*. Sua busca obsessiva por escalabilidade nos deixa alguns aprendizados importantes que eu gostaria de compartilhar com vocês.

Com elas, nasceu o termo e as práticas de *growth hacking*, que também podem ser adotadas em nosso mercado. O conceito se refere a um conjunto de estratégias voltadas para o crescimento, criadas a partir de hipóteses, testes e avaliações empíricas. A utilização de dados está no centro da metodologia e das decisões tomadas.

A ideia, aqui, é desenvolver uma cultura de testes e sempre estar rodando alguns e avaliando seus resultados. Quanto maior a quantidade de testes, maior a probabilidade de se encontrar algum resultado que valerá a pena escalar, apoiando as decisões sobre investimentos.

Veja, a seguir, o passo a passo para iniciar o processo:

1. Tenha objetivos claros: saiba exatamente para onde ir. É aumentar faturamento, rentabilidade, fidelização, conquista de um novo mercado, velocidade das entregas?;

2. Liste os testes que serão realizados: traga pessoas-chave da sua corporação e lidere o *brainstorm* de sugestões;

3. Defina um período: os testes serão rodados durante uma semana, um mês, um trimestre?;

4. Priorize as sugestões feitas usando o *ICE Score* (Veja quadro ao lado);

5. Definir as métricas que serão medidas em cada um dos testes, registrando-as antes do experimento para compará-las ao final do período de teste;

6. Sempre inicie o experimento em pequena escala;

7. Finalizado o período e comparados os resultados, ficará simples decidir o que deve ser abortado, refeito ou escalado.

ICE Score

Uma forma de saber quais experimentos realmente valem a pena serem testados é fazer um ranqueamento deles através do ICE Score, uma abreviação para:

- **I de Impact (Impacto)**: qual impacto a implementação deste experimento terá sobre o crescimento?
- **C de Confident (Confiança)**: quão confiante você está de que isso funcionará conforme o esperado?
- **E de Ease (Facilidade)**: quão fácil você acha que será para implementar esse experimento?

Para cada critério, dá-se uma nota que varia de 1 a 5, da seguinte forma:

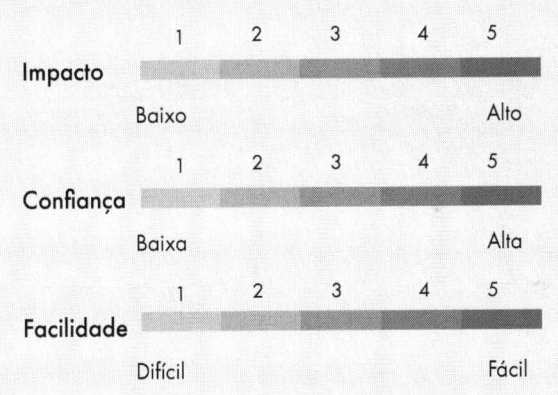

	1	2	3	4	5
Impacto	Baixo				Alto
Confiança	Baixa				Alta
Facilidade	Difícil				Fácil

Finalizada esta etapa, multiplique as três notas. Daí resultará o *Score* de cada experimento. Depois, é só ranquear do mais alto para o mais baixo, priorizando aqueles que tiveram Scores mais altos (*Veja a seguir o modelo da Planilha de Registro de Experimentos*).

PLANILHA DE REGISTRO DE EXPERIMENTOS

Descrição do teste	Outros comentários (ferramentas e recursos necessários)	Data de início	Data de Término	Qual métrica será acompanhada?	Métrica (Valor) inicial	Métrica (Valor) ao final do experimento	Meta (Valor da métrica que planeja atingir)	Resultado ao final do experimento (positivo, negativo, não determinado)	Impact qual impacto a implementação disso terá sobre o crescimento	Confident quão confiante você está que isso funcionará conforme o esperado?	EASE quão fácil você acha que será para implementar?	ICE SCORE
												0
												0
												0
												0

Pontos importantes:

- Manter registro dos testes e seus resultados, sejam eles positivos ou negativos, é fundamental para que o conhecimento adquirido ao longo do processo não fique restrito a poucas pessoas (ou nenhuma);

- É comum que a maioria dos testes não traga resultados promissores e é exatamente por isso que é necessário ter disciplina. Um único experimento positivo pode compensar todo o esforço dos anteriores.

E quais são os ganhos em aplicar essa metodologia?

A curva de aprendizado é exponencial. Sendo bem executada e registrada, sabe-se, com base em dados, o que deve ou não ser explorado e o conhecimento não se perde, mesmo que haja alterações no time. Há também um maior acerto a respeito dos investimentos, bem como uma redução dos riscos e das perdas inerentes a essas decisões.

Os varejistas precisam considerar onde realizar seus investimentos em inovação e essa metodologia ajuda seus executivos a tomarem melhores decisões. Só assim, poderão se manter competitivos e atender às crescentes demandas e expectativas de um consumidor progressivamente exigente e conectado.

O estudo realizado me mostrou que o mercado está aberto a receber inovações, conforme a percepção dos especialistas consultados e das análises sobre o comportamento dos consumidores. Caso os gestores também sigam nessa direção, o varejo supermercadista caminhará para a realização de desejos antigos, como a predição de demanda, a operação eficiente e o aumento da rentabilidade.

A inteligência artificial possibilitará a análise robusta de dados, alimentando os sistemas de CRM, prevendo as vendas, personalizando os pontos de contato com o consumidor e aumentando as possibilidades de fidelização.

A Internet das Coisas possibilitará a reposição automática de muitos itens diretamente dos aparelhos domésticos para o varejista, trazendo mais praticidade para a vida dos consumidores. E, em conjunto com os recursos por voz, será utilizada por vários perfis de consumidores, em uma abordagem mais facilitada e inclusiva.

Os robôs e as automações ajudarão, especialmente, na operação de lojas e centros de distribuição, trazendo mais eficiência e reduzindo custos. A realidade aumentada trará a experiência do mundo físico para o mundo digital, melhorando ainda mais a experiência de compra e as interações entre consumidores e varejistas.

> *Vejo um impacto positivo, mas que requer buscar, hoje, por aprimoramento nas cadeias tecnológicas. O consumidor do futuro, cada vez mais, vai usar destes recursos em seu consumo. Trazer mecanismos digitais e robotizados para ilustrar a evolução se faz necessário para atender a esta geração e público. Não se esquecendo do atendimento humanizado e cordial para personificar a marca na experiência do cliente. A tecnologia deve ser o meio para atender a expectativa e o novo varejo do futuro.*

Varejista, este é um caminho sem volta.
Embarque nesta viagem.

REFERÊNCIAS

AKCAYIR, Murat et al. What makes you a digital native? Is it enough to be born after 1980?. **Computers in Human Behavior**, v. 60, p. 435-440, jul. 2016. Disponível em:https://doi:org/10:1016/j:chb:2016:02:089.

ALBORS-GARRIGOS, Jose. Barriers and enablers for innovation in the retail sector: co-innovating with the customer. A case study in grocery retailing. **Journal of Retailing and Consumer Services**, v. 55, n. 102077, jul. 2020a. Disponível em: https://doi:org/10:1016/j:jretconser:2020:102077.

ALBORS-GARRIGOS, Jose. Barriers and enablers for innovation in the retail sector: co-innovating with the customer. A case study in grocery retailing.**Journal of Retailing and Consumer Services**, v. 55, n. 102077, fev. 2020b. Disponível em: https://doi:org/10:1016/j:jretconser:2020:102077.

BASKER, Emek. The evolution of technology in the retail sector. In: BASKER, Emek (Ed.).**Handbook on the Economics of Retailing and Distribution**. Edward Elgar, 2016. cap. 2. Disponível em: https://www:e-elgar:com/shop/usd/handbook-on-the-economics-of-retailingand-distribution-9781783477371:html.

BONNET, Didier; WESTERMAN, George. The new elements of digital transformation. **MIT Sloan Management Review**, v. 62, n. 2, p. 82-89, 2021. Disponível em: https://mitsmr:com/2UEVUzY.

BRIEL, Frederik von. The future of omnichannel retail: a four-stage Delphi study. **Technological Forecasting & Social Change**, v. 132, p. 217-229, fev. 2018. Disponível em: https://doi:org/10:1016/j:techfore:2018:02:004

BROWN, S. Institutional change in retailing: a review and synthesis. **European Journal of Marketing**, v. 21, n. 6, p. 05-36, 1987. Disponível em: https: //doi:org/10:1108/EUM0000000004701.

CHOU, Yen-Chun et al. The impact of e-retail characteristics on initiating mobile retail services: a modular innovation perspective. **Information & Management**, v. 53, n. 4, p. 481-492, jun. 2016. Disponível em: https://doi:org/10:1016/j:im:2015:11:003.

CHRISTENSEN, Clayton M. et al. What is disruptive innovation? **Harvard Business Review**, p. 44-53, dez. 2015. Disponível em: https://hbr:org/2015/12/what-is-disruptive-innovation.

CRESWELL, John W. Research design: qualitative, quantitative, and mixed methodsapproaches. [S.l.]: **SAGE Publications**, Inc, 2009. ISBN 978-1-4129-6557-6 (pbk.).

C.VERHOEF, Peter et al. From multi-channel retailing to omni-channel retailing: Introductionto the special issue on multi-channel retailing. **Journal of Retailing**, v. 91, n. 2, p. 174-181, jun. 2015. Disponível em: https://doi:org/10:1016/j:jretai:2015:02:005.

DAVIDSON, William R. et al. The retail life cycle. **Harvard Business Review**, v. 54, n. 6, p. 89-96, nov./dez. 1976.

E-COMMERCE BRASIL. **Em alta, e-commerce cresce 12,59% no primeiro trimestre de 2022**, aponta MCC-ENET. 25 abr. 2022. Disponível em: https://www:ecommercebrasil:com:br/ noticias/em-alta-e-commerce-cresce-1259-no-primeiro-trimestre-de-2022-aponta-mccenet/. Acesso em: 05 ago. 2022.

ECONOMIST. **Amazon has hollywoods worst shows but its best business mode.** Disponível em: <https://www.economist.com/business/2023/08/27/amazon-ha-hollywoods-worst-shows-but-its--best-business-mode>

ETGAR, Michael. The retailing ecology model: a comprehensive model of retail change. **Research in Marketing**, v. 7, p. 41-62, 1984.

EXAME. **Magalu cresce e e-commerce corresponde a 70% das vendas pela primeira vez.** 13 mai. 2021. Disponível em: https://exame:com/negocios/magalu-cresce-e-e-commercecorresponde--a-70-das-vendas-pela-primeira-vez/. Acesso em: 07 ago. 2022.

GARCIA, Antonio Marin; GIL-SAURA, Irene. Innovation in retail: influence of ICT and its impact on customer satisfaction. **Cuadernos de Gestión**, v. 17, n. 2, p. 109-134, mai.2016.

GIL, Antonio Carlos. **Metodos e técnicas de pesquisa social.** [S.n.], 2008. ISBN 978-85-224-5142-5. Disponível em: AtlasS:A:

GLOBAL DATA. Oil and gas sector tops Forbes 2019 list of world's largest public firms in revenue generation, finds Global Data. 2019. Disponível em: https://www:globaldata:com/oil-and-gas-sector-tops-forbes-2019-list-of-worlds-largestpublic-firms-in-revenue-generation-finds-globaldata.

HARDESTY, David M.; BEARDEN, William O. Consumer Behavior and Retailing. **Journal of Retailing**, v. 85, n. 3, p. 239-244, set. 2009. Disponível em: https://doi:org/10:1016/j:jretai:2009:07:002.

HINES, Andy. A practitioner's view of the future of futures studies. **Futures**, p. 337-347, abr. 2002. Disponível em: https://doi:org/10:1016/S0016-3287(01)00048-9.

HOLLANDER, Stanley C. **Multinational retailing**. [S.l.]: East Lansing, Institute forInternational Business and Economic Development Studies, Michigan State University, 1970.

HOLLANDER, Stanley C. The wheel of retailing. **Journal of Marketing**, v. 25, n. 1, p. 37-42, jul. 1960.

HUSSEY, Roger; COLLIS, Jill. **Pesquisa em Administração: um guia prático para alunos de graduação e pós-graduação**. 2. ed. [S.l.]: Bookman, 2005. 352p. ISBN 9788536304199.

IBGE. **Dados gerais sobre empresas comerciais, 2019**. 2019. Disponível em: https://www:ibge:gov:br/estatisticas/economicas/comercio/9075-pesquisa-anual-decomercio: html?=&t=destaques. Acesso em: 27 jun. 2022.

JANSEN, Justin J. P. et al. Exploratory Innovation, Exploitative Innovation, and Performance: Effects of Organizational Antecedents and Environmental Moderators. **Management Science**, v. 3, p. 1661-1674, nov. 2006.

KERSSENS, Amy. **Innovation in retailing**: explaining trends of retail change by theory. dez. 2017. 39p. Dissertacao (Bachelor Management and Consumer Studies, Major in Business) — Wageningen University and Research. Disponível em: chrome-extension://efaidnbmnnnibpcajpcglclefindmkaj/https://edepot:wur:nl/430256.

LAN HA. **Future of the family**: Generation Z as homemakers. Euromonitor International, jul. 2019. Disponível em: https://www:euromonitor:com/future-of-the-family-generationz-as-homemakers/report#:~:text=Gen%20Z%20homemakers%20tend%20to;offering%20personalised%20experiences%20at%20home.

LAOR, Tal; GALILY, Yair. Who's clicking on on-demand? Media consumption patterns of generations Y & Z. **Technology in Society**, v. 70, n. 102016, jun. 2022. Disponível em: https://doi:org/10:1016/j:techsoc:2022:102016.

LEMON, Katherine N.; VERHOEF, Peter C. Understanding customer experience throughout the customer journey. **Journal of Marketing**, v. 80, n. 6, p. 69-96, nov. 2016. Disponível em: https://doi:org/10:1509%2Fjm:15:0420.

MARTIN JR., Claude R. Retail services innovation: inputs for success. **Journal of Retailing and Consumer Services**, v. 3, n. 2, p. 63-71, abr. 1996. Disponível em: https://doi:org/10:1016/0969-6989(95)00054-2.

MAZZERO, Samantha. **Corporate Foresight como Competência Organizacional para Construção de Vantagem Competitiva**. 2019. 289p. Tese (Programa de Pós-Graduação em Administração) — Faculdade de Economia e Administração, Universidade de São Paulo, São Paulo, 2019.

MCGOLDRICK, Peter. **Retail marketing**. 2. ed. [S.l.]: McGraw-Hill Higher Education, 2002.

MICHELLE EVANS. **Commerce 2040**: the reinvention of retail for a digital world. Euromonitor International, out. 2021a. Disponível em: https://www:euromonitor:com/commerce-2040-the-reinvention-of-retail-for-a-digital-world/report.

MICHELLE EVANS. **Commerce 2040**: the future of the retail store in a digital world. Euromonitor International, out. 2021b. Disponível em: https://www:euromonitor:com/ commerce-2040-the-future-of-the-retail-store-in-a-digital-world/report.

MICHELLE EVANS. **Using retail tech innovation to enhance the customer experience**. [S.l.]: Euromonitor International, jun. 2021.

MICHELLE EVANS; CAMERON PARKER. **Voice of the industry**: digital survey. [S.l.]: Euromonitor International, abr. 2021.

MOORE, Christopher. Theories of retailing. In: MOORE, Christopher (Ed.). **Marketing Theory**: a student text. 2. ed. [S.l.]: SAGE Publications Ltda., 2010. cap. 16.

MORTENSEN, PETER S.; BLOCH, Carter W. **Oslo Manual**: guidelines for collecting and interpreting innovation data. [S.l.]: Organization for Economic Cooperation and Development, OECD, 2005.

MOSTAGHEL, Rana et al. Digitalization driven retail business model innovation: Evaluation of past and avenues for future research trends. **Journal of Business Research**, v. 146, p. 134-145, mar. 2022. Disponível em: https://doi:org/10:1016/j:jbusres:2022:03:072.

NESLIN, Scott A. The omnichannel continuum: integrating online and offline channels along the customer journey. **Journal of Retailing**, v. 98, n. 1, p. 111-132, fev. 2022. Disponível em: https://doi:org/10:1016/j:jretai:2022:02:003.

NIELSENIQ. **Relatorio Webshoppers**: 45. edição. 2022.

NOVAREJO. **E-commerce chinês ultrapassara as vendas das lojas fisicas em 2021**. 12 mar. 2021. Disponível em: https://www:consumidormoderno:com:br/2021/03/12/ecommercechines-ultrapassara-lojas-fisicas. Acesso em: 05 ago. 2022.

PALMIE, Maximilian et al. The evolution of the digital service ecosystem and digital business model innovation in retail: the emergence of meta-ecosystems and the value of physical interactions. **Technological Forecasting and Social Change**, v. 177, n. 121496, abr. 2022.

PANTANO, Eleonora. Innovation drivers in retail industry. **International Journal of Information Management**, v. 34, p. 344-350, mar. 2014a. Disponível em: https://doi.org/10:1016/j:ijinfomgt:2014:03:002.

PANTANO, Eleonora. Innovation management in retailing: from consumer perspective to corporate strategy. **Journal of Retailing and Consumer Services**, v. 21, p. 825-826, set. 2014b. Disponível em: https://doi:org/10:1016/j:jretconser:2014:02:017.

PANTANO, Eleonora et al. Does innovation-orientation lead to retail industry growth? Empirical evidence from patent analysis. **Journal of Retailing and Consumer Services**, v. 34, p. 88-94, jan. 2017. Disponível em: https://doi:org/10:1016/j:jretconser:2016:10:001.

PANTANO, Eleonora; TIMMERMANS, Harry. What is smart in retailing? **Procedia Environmental Sciences**, v. 22, p. 101-107, ago. 2014. Disponível em: https://doi:org/10:1016/j:proenv:2014:11:010.

PANTANO, Eleonora; VIASSONE, Milena. Demand pull and technology push perspective in technology-based innovations for the points of sale: the retailers evaluation. **Journal of Retailing and Consumer Services**, v. 21, p. 43-47, jan. 2014. Disponível em: https://doi:org/10:1016/j:jretconser:2013:06:007.

PIOCH, E. A.; SCHMIDT, R. A. Consumption and the retail change process: a comparative analysis of top retailing in Italy and France. **International Review of Retail, Distribution and Consumer Research**, v. 10, n. 2, p. 183-203, abr. 2000. Disponível em: https://doi:org/10:1080/095939600342352.

PROXIMO NIVEL. **Entenda como robôs ajudam a Amazon a entregar encomendas no mesmo dia**. 28 mar. 2019. Disponível em: https://proximonivel:embratel:com:br/entendacomo-robos-ajudam-

-a-amazon-a-entregar-encomendas-no-mesmo-dia. Acesso em: 06 ago. 2022.

RACHINGER, Michael et al. Digitalization and its influence on business model innovation. **Journal of Manufacturing Technology Management**, v. 30, n. 8, p. 1143-1160, 2019. Disponível em: https://doi:org/10:1108/JMTM-01-2018-0020.

REGER, Guido. Technology Foresight in Companies: from an Indicator to a Network and Process Perspective. **Technology Analysis & Strategic Management,** v. 13, n. 4, p. 533-553, set. 2001. Disponível em: https://doi:org/10:1080/09537320127286.

REVISTA SUPERHIPER. Rio de Janeiro: Abras, 2022.

SAMPIERI, Roberto Hernandez et al. **Metodologia de pesquisa.** [S.l.]: Penso, 2013. 624p. ISBN 9788565848282.

SCHUMPETER, Joseph A. **The Theory of Economic Development.** Cambridge: Harvard University Press, 1934.

SILVA, Lisiane Vasconcellos da et al. **Metodologia de pesquisa em administração**: umaabordagem prática. Sao Leopoldo: Editora Unisinos, 2012. 104p. ISBN 978-85-7431-518-8.

SILVA, Patrícia A. Quintiliano. **O Futuro do Varejo Supermercadista: Tendências em Inovações Tecnológicas e Digitais.** 2022. 104 p. Dissertação (Programa de Pós-Graduaçãoem Administração) — Faculdade de Economia e Administração, Universidade de São Paulo, São Paulo, 2022.

STATISTA. **Global retail automation market size in 2020, with a forecast from 2021 to 2030 (in billions U.S. dollars).** mai. 2022. Disponível em: https://www:statista:com/statistics/1257213/retail-automation-market-size. Acesso em: 28 jun. 2022.

STATISTA. **Total retail sales worldwide from 2020 to 2025.** fev. 2022. Disponível em: https://www:statista:com/statistics/443522/global-retail-sales. Acesso em: 27 jun. 2022.

SUPERHIPER. ABRAS, v. 47, n. 537, p. 58-134, jun. 2021.

SUPERHIPER. ABRAS, v. 48, n. 547, p. 94-183, mai. 2022.

TUEANRAT, Yanika et al. A conceptual framework of the antecedents of customer journey satisfaction in omnichannel retailing. Journal of Retailing and Consumer Services, v. 61, n. 102550, jul. 2021. Disponível em: https://doi:org/10:1016/j:jretconser:2021:102550.

VERHOEF, Peter C. et al. Customer experience creation: determinants, dynamics andmanagement strategies. Journal of Retailing, v. 85, n. 1, p. 31-41, mar. 2009. Disponível em: https://doi:org/10:1016/j:jretai:2008:11:001.

VERHOEF, Peter C. et al. Multichannel customer management: understanding the research-shopper phenomenon. International Journal of Research in Marketing, v. 24, p. 129-148, jun. 2007. Disponível em: https://doi:org/10:1016/j:ijresmar:2006:11:002.

VIAL, Gregory. Understanding digital transformation: a review and a research agenda Journal of Strategic Information Systems, v. 28, p. 118-144, fev. 2019. Disponível em: https://doi:org/10:1016/j:j-sis:2019:01:003.

WESTERMAN, George et al. Leading digital: turning technology into businesstransformation. Boston: Harvard Business Review Press, 2014. Disponível em: https://hbsp:harvard:edu/product/17039-HBK-ENG.

YOSHIDA, Nelson Daishiro et al. A prospecção do futuro como suporte à busca de informações para a decisão empresarial. Revista Ibero-Americana de Estrategia (RIAE), v. 12, n. 1, p. 208-235, jan./mar. 2013. Disponível em: http://www:redalyc:org/articulo:oa?id=331227376009.

Este livro utiliza as fontes Franklin Gothic e Futura. Foi impresso em São Paulo, em outubro de 2023.